TALAF 2012: African Language Processing

Held at JEP-TALN-RECITAL 2012

Grenoble, France
4 – 7 June 2012

Editors:

Chantal Enguehard
Mathieu Mangeot
Gilles Serasset

ISBN: 978-1-62276-496-9

Printed from e-media with permission by:

Curran Associates, Inc.
57 Morehouse Lane
Red Hook, NY 12571

Some format issues inherent in the e-media version may also appear in this print version.

Printed by Curran Associates, Inc. (2012)

For permission requests, please contact the Association for Computational Linguistics at the address below.

Association for Computational Linguistics
209 N. Eighth Street
Stroudsburg, Pennsylvania 18360

Phone: 1-570-476-8006
Fax: 1-570-476-0860

acl@aclweb.org

Additional copies of this publication are available from:

Curran Associates, Inc.
57 Morehouse Lane
Red Hook, NY 12571 USA
Phone: 845-758-0400
Fax: 845-758-2634
Email: curran@proceedings.com
Web: www.proceedings.com

Actes de l'atelier sur le traitement automatique des langues africaines : écrit et oral

TALAf-2012

Organisé au sein de la conférence JEP-TALN 2012
Le 8 juin 2012 à Grenoble, France

Mathieu Mangeot[1] *Chantal Enguehard*[2]
(1) GETALP-LIG, BP 53 F-38042 Grenoble Cedex 9
(2) LINA, BP 92208, F-44322 Nantes Cedex 03
Mathieu.Mangeot@imag.fr, Chantal.Enguehard@univ-nantes.fr

Préface

1 Motivations et objectifs

Les recherches en traitement automatique des langues africaines sont actuellement à l'orée de développements majeurs. Les efforts de reconnaissance des langues nationales et de standardisation des différents alphabets commencent à porter leurs fruits. Au Niger, par exemple, les alphabets des langues fulfulde, haoussa, kanouri, songhai-zarma et tamajaq ont été définis par des arrêtés du gouvernement en 1999. Par ailleurs, des collègues formés dans les pays du Nord reviennent dans leur pays avec la volonté de continuer les recherches sur les langues locales.

Pour autant, les langues nationales de la plupart des pays d'Afrique sont peu dotées : les ressources électroniques disponibles sont rares, mal distribuées, voire inexistantes. Seules sont accessibles les fonctions d'édition et d'impression, ce qui rend difficile l'usage de ces langues à l'écrit. Au moment où il est question de les introduire dans le système éducatif, de créer des normes d'écriture standardisées et stabilisées et surtout de développer leur usage dans l'administration et la vie quotidienne, le développement et la distribution d'outils dédiés ces langues s'imposent comme une nécessité cruciale.

Développer le traitement automatique de langues africaines nécessite l'élaboration de ressources qui seront les fondements à partir desquels des traitements plus élaborés peuvent être construits. Il apparaît indispensable de constituer en premier lieu des corpus écrits et oraux annotés aussi larges que possibles. À partir de tels corpus, il est possible d'extraire des exemples pour aider à la constitution de dictionnaires ou de mettre au point des modèles de langage pour la reconnaissance vocale. Toutefois, la constitution de tels corpus reste une entreprise délicate dans le contexte de langues peu dotées car, d'une part les transcriptions souffrent du manque de standardisation de la langue et, d'autre part l'enrichissement de corpus reste très onéreux.

Des astuces peuvent parfois être inventées pour pallier le manque de ressources. Par exemple, s'il n'existe pas de corpus oraux avec transcriptions, il est possible de constituer un corpus oral de textes lus.

Enfin, il y a lieu de prendre en compte les contraintes socio-économiques s'exerçant sur la population des locuteurs : les ressources économiques sont limitées, les ressources humaines qualifiées sont rares, les recherches sont sporadiques et isolées, les résultats confidentiels et parcellaires. Il est donc nécessaire de définir des méthodologies économes en coût d'achat de logiciels et en temps de travail qualifié visant à produire des résultats pérennes, partagés et faciles à enrichir. La constitution de ressources linguistiques de manière générale, et plus encore pour les langues africaines devrait donc respecter plusieurs principes : utilisation d'outils gratuits en source ouverte, définition et utilisation de standards (ISO, Unicode), transfert de connaissances entre les collègues des pays du Nord et du Sud, disponibilité des ressources sous licence ouverte (Creative Commons), etc.

Cet atelier a pour but d'effectuer un état des lieux des travaux de constitution de ressources linguistiques de base (dictionnaires, corpus oraux et écrits), de mettre au point des méthodologies simples et économes d'élaboration de ressources, d'échanger sur les techniques permettant de se passer de certaines ressources inexistantes et d'envisager la direction des futurs travaux dans le domaine.

2 Présentation des articles

L'atelier a reçu douze soumissions. Onze articles ont été rédigés en français et un en anglais.

Parmi ces articles, cinq ont été acceptés en première lecture, et cinq acceptés après révision. Parmi ceux-ci, huit articles portent sur l'écrit et deux sur l'oral.

De plus, Mame Thierno Cissé, Professeur à l'Université Cheikh Anta Diop de Dakar, conférencier invité, interviendra pour présenter une base de données lexicale multifonctionnelle : le dictionnaire unilingue wolof et bilingue wolof-français.

La diversité linguistique est présente puisque quatorze langues figurent dans les articles acceptés : ahmarique, amazighe, arabe, bambara, français, haoussa, ikota, kanouri, mbochi, soŋay-zarma, swahili, tamajaq, wolof, yorouba.

Les auteurs se répartissent entre huit pays : Burkina-Faso (1), Canada (1), Ethiopie (1), France (16), Mali (1), Maroc (2), Niger (10), Sénégal (2), Tunisie (2).

Les articles acceptés se regroupent autour de trois thèmes principaux :

2.1 Traitement de l'oral

- Hadrien Gelas, Solomon Teferra Abate, Laurent Besacier et François Pellegrino *Analyse des performances de modèles de langage sub-lexicale pour des langues peu-dotées à morphologie riche*

Cet article traite de la reconnaissance automatique de la parole pour l'amharique et le swahili, deux langues peu dotées à morphologie riche en utilisant des unités de découpage au niveau du morphème et de la syllabe.

- Annie Rialland, Martial Embanga Aborobongui, Martine Adda-Decker et Lori Lamel *Mbochi : corpus oral, traitement automatique et exploration phonologique*

Cet article décrit la constitution d'un corpus oral en langue mbochi, langue bantou parlée au Congo-Brazzaville. Le corpus a été transcrit puis aligné automatiquement en mots et en segments phonémiques afin de permettre des études acoustico-phonétiques et phonologiques à grande échelle.

2.2 Dictionnaires et systèmes d'écriture

- Abdoulkarim Chérif Ari, Arimi Boukar, Kevin Anthony Jarrett, Maï Moussa Maï, Manoua Djibir, Taweye Aïchéta Chégou Koré *Élaboration d'un dictionnaire bilingue kanouri-français*

Cet article présente la langue kanouri avec sa place dans les différentes classifications, sa typologie et son système verbal. Il présente également le dictionnaire kanouri-français de 6 000 entrées élaboré lors du projet SOUTÉBA puis informatisé lors du projet DiLAF.

- Chantal Enguehard, Soumana Kané, Mathieu Mangeot, Issouf Modi et Mamadou Lamine Sanogo *Vers l'informatisation de quelques langues d'Afrique de l'Ouest*

Cet article présente le projet DiLAF qui vise à convertir des dictionnaires éditoriaux au format XML et à les mettre à disposition en ligne sur une plate-forme spécialisée. Il s'agit de dictionnaires bilingues langue africaine-français : haoussa-français, kanouri-français, soŋay zarma-français, tamajaq-français et bambara-français.

- Bernard Gautheron et Antonia Simon-Colazo *La transcription phonétique au bout des doigts, claviers et polices ergonomiques pour la transcription en API*

Le but de cet article est de promouvoir des outils ergonomiques qui facilitent la transcription phonétique manuelle pour les langues qui ne disposent pas encore de traitement automatique. L'utilisation d'un clavier ergonomique et d'une fonte phonétique spécifique à l'alphabet phonétique international (API) et dédiée à chaque langue facilite l'accès à tous les signes API nécessaires.

- Rahma Sellami, Fatiha Sadat et Lamia Hadrich Belguith *Extraction de lexiques bilingues à partir de Wikipédia*

Cet article présente une approche d'extraction de lexiques bilingues pour les paires de langues arabe-français et yorouba-français à partir de l'encyclopédie en ligne Wikipédia.

2.3 Analyse lexicale et syntaxique

- Denys Duchier, Brunelle Magnana Ekoukou, Yannick Parmentier, Simon Petitjean et Emmanuel Schang *Décrire la morphologie des verbes en ikota au moyen d'une métagrammaire*

Dans cet article, le concept de métagrammaire introduit par Candito pour les grammaires d'arbres adjoints décrivant la syntaxe du français et de l'italien, est appliqué à l'ikota, langue bantoue parlé au Gabon. Le formalisme XMG (eXtensible MetaGrammar) est utilisé pour décrire les variations morphologiques des verbes.

- Abdou Mijinguin et Harouna Naroua *Règles de formation des noms en haoussa*

Cet article présente quelques caractéristiques du fonctionnement lexical du haoussa comme les règles de formation de mots haoussa à partir des racines. Cette analyse a permis aux auteurs de formuler plusieurs règles de flexion et de dérivation pouvant être utilisées pour construire des outils de traitement automatique.

- Mar Ndiaye et Chérif Mbodj *Vers un analyseur syntaxique du wolof*

Cet article présente un projet d'analyseur syntaxique du wolof (parlé au Sénégal, en Mauritanie et en Gambie) basé sur l'outil FIPS développé au LATL à Genève à partir de grammaires GB.

- Fatima Zahra Nejme et Siham Boulaknadel *Formalisation de l'amazighe standard avec NooJ*

Dans la suite des travaux de standardisation de l'amazighe effectués au Maroc par l'Institut Royal de la Culture Amazighe (IRCAM), cet article présente la construction d'un module Nooj de formalisation de règles morphologiques pour la catégorie nom permettant de générer son genre, son nombre, et son état.

3 Comité de programme

4 Conclusion

Le nombre important de soumissions dans la thématique de l'atelier montre que la nécessité du traitement automatique des langues africaines est toujours d'actualité et que des travaux de recherche sont en cours. En revanche, les travaux restent épisodiques, éparpillés et espacés dans le temps. Il apparaît donc nécessaire de regrouper ces efforts en mettant en place, par exemple, des entrepôts de données libres sous licence ouverte (Creative Commons) comme dans le projet DiLAF. Les savoirs et savoirs-faire doivent également être capitalisés pour resservir pour d'autres langues et d'autres contextes.

Table des matières

Mbochi : corpus oral, traitement automatique et exploration phonologique
Annie Rialland, Martial Embanga Aborobongui, Martine Adda-Decker et Lori Lamel 1

Élaboration d'un dictionnaire bilingue kanouri-français
Chérif Ari Abdoulkarim, Arimi Boukar, Kevin Anthony Jarrett, Maï Moussa Maï, Manoua Djibir et Taweye Aïchéta Chégou Kore 13

Vers l'informatisation de quelques langues d'Afrique de l'Ouest
Chantal Enguehard, Soumana Kane, Mathieu Mangeot, Issouf Modi et Mamadou Lamine Sanogo 27

La transcription phonétique au bout des doigts, claviers et polices ergonomiques pour la transcription en API
Bernard Gautheron et Antonia Simon-Colazo 41

Analyse des performances de modèles de langage sub-lexicale pour des langues peu-dotées à morphologie riche
Hadrien Gelas, Solomon Teferra Abate, Laurent Besacier et François Pellegrino 53

Règles de formation des noms en hausa
Abdou Mijinguini et Harouna Naroua 63

Vers un analyseur syntaxique du wolof
Mar Ndiaye et Cherif Mbodj 75

Formalisation de l'amazighe standard avec NooJ
Fatima Zahra Nejme et Siham Boulaknadel 85

Décrire la morphologie des verbes en ikota au moyen d'une métagrammaire
Denys Duchier, Brunelle Magnana Ekoukou, Yannick Parmentier, Simon Petitjean et Emmanuel Schang 97

Extraction de lexiques bilingues à partir de Wikipédia
Rahma Sellami, Fatiha Sadat et Lamia Hadrich Belguith 107

Mbochi : corpus oral, traitement automatique et exploration phonologique

Annie Rialland [1], Martial Embanga Aborobongui [1], Martine Adda-Decker[1, 2], Lori Lamel[2].

(1) LPP, UMR 7018, 19, rue des Bernardins 75005 Paris

(2) LIMSI, UPR 3251, bât. 508, rue John von Neumann, 91403, Orsay

annie.rialland@univ-paris3.fr, aborobongui@yahoo.fr, {madda,lamel}@limsi.fr

RESUME

Nous décrivons la constitution d'un corpus oral en langue mbochi, une des langues bantoues parlées au Congo-Brazzaville, cataloguée comme C25 dans le riche inventaire de ces langues. Le matériel enregistré comprend dans un premier temps de la lecture de contes de tradition orale, transcrits par un des co-auteurs, natif de la langue. Un deuxième volet incluant de la parole radiophonique est prévu. Le corpus a été ensuite aligné automatiquement en mots et en segments phonémiques, permettant des études acoustico-phonétiques et phonologiques à grande échelle. Il permettra à terme d'envisager la mise au point d'un système de transcription automatique pour cette langue sous-dotée. Dans l'immédiat, les ressources nous permettent de présenter une description de la langue et d'étudier des processus phonologiques entraînant des élisions de voyelles à la frontière de mots. Le corpus créé, permettant de documenter le mbochi et d'améliorer sa visibilité sur la toile, pourra être mis à disposition d'autres chercheurs.

Abstract

Mbochi: oral corpus, automatic processing & phonological mining

This contribution describes ongoing research on Mbochi, a Bantu C language spoken by more than 100000 native speakers in Congo-Brazzaville. A first oral corpus has been collected as read speech corresponding to 3 folktales. It has been transcribed by one of the co-authors and it will be extended to radio broadcasts. The corpus is aligned automatically into words and phonemic segments, allowing acoustic-phonetic and phonological studies on a large scale. It is providing the first step towards an automatic transcription system for this under-resourced language. Currently, these resources allow us to improve the description of the language and to improve our knowledge of the nature and conditions of phonological processes such as vowel elision with or without compensatory lengthening at word junctions. The corpus which will contribute to the documentation of Mbochi and its visibility on the web, will be made available to other researchers.

MOTS-CLES : mbochi, alignement automatique, élision vocalique, dissimilation consonantique.

KEYWORDS : Mbochi, automatic alignment, vowel elision, consonantal dissimilation

1 Introduction

Le mbochi (ou ɛmbɔ́sí, son nom dans la langue même) est une langue sans standard d'écriture, sous-dotée en termes de ressources, qu'elles soient électroniques ou non. Le but de notre travail est de commencer à combler cette lacune en constituant un corpus aligné automatiquement. L'alignement automatique a dû être adapté à des caractéristiques du mbochi, en particulier, à ses processus d'élision vocalique qui génèrent de nombreuses variantes de mots. L'article présentera cette adaptation avec des résultats quantifiés. Il montrera également comment ces corpus annotés peuvent devenir des outils permettant de documenter à grande échelle les contextes d'occurrence de processus phonologiques. La langue et ses principales règles phonologiques seront d'abord présentées avant d'aborder la partie expérimentale.

2 Présentation de la langue mbochi

Le mbochi est une langue bantoue du groupe C, appartenant au sous-groupe mbochi et répertoriée comme C 25 dans la classification de Guthrie (1967-1970). Elle comporte plusieurs dialectes, en particulier le dialecte de Boundji qui retiendra plus particulièrement notre attention dans la présente étude.

2.1 Situation et statut de la langue

Le mbochi est principalement parlée dans le Nord du Congo-Brazzaville, en terre mbochi située dans la région de la cuvette Ouest, mais aussi dans les grandes villes et dans la diaspora. Le nombre de locuteurs de la langue en terre mbochi était estimé à 108 000 en 2000 d'après le site Ethnologue (http://www.ethnologue.com), chiffre reconnu comme très approximatif.

Le mbochi est une langue qui n'a pas de forme d'écriture officielle et qui a été très peu écrite. Les documents écrits en mbochi, avec des notations qui sont propres à chaque auteur ou groupe d'auteurs, sont très peu nombreux : on trouve un recueil de contes (Obénga, 1984), des brochures (par la SIL CONGO, en particulier), des textes peu diffusés pour l'éducation religieuse. La Bible n'est pas disponible en mbochi. La langue écrite utilisée dans la région est le français, qui est la langue de l'éducation et la langue officielle du Congo-Brazzaville. Actuellement, il n'y a pas de projet pour donner une forme écrite officielle au mbochi ni pour l'utiliser dans l'éducation.

Boundji, sous-préfecture de la région de la Cuvette, a depuis 2009 une chaîne de radio-télévision ALIMA FM. Cette chaîne a un rayon d'émission de 50 km et couvre 32 villages de la sous-préfecture de Boundji. Elle diffuse des informations à la fois locales et internationales ainsi que diverses émissions en français, en lingala et dans les deux langues de la région : le mbochi et le teke lima. Cette nouvelle chaîne commence à jouer un rôle important dans la revitalisation des langues et des cultures de la région, dans la redécouverte des contes, des chants traditionnels qui n'étaient plus chantés que par les personnes âgées dans les réunions familiales ainsi que des traditions musicales.

Par ailleurs, on note que les téléphones portables sont très répandus et que les SMS sont écrits en français.

Ainsi, à ce jour, le mbochi est fondamentalement une langue non écrite, dont les formes orales commencent à bénéficier du soutien d'une diffusion par de nouvelles techniques de communication.

2.2 Principales études sur le mbochi

Un certain nombre de travaux ont porté sur le mbochi, en particulier : Ollassa 1969, Obénga 1976, 1984, Fontaney 1988, 1989, Ndinga Oba 2003, 2004, Leitch 1997, Amboulou 1998, Bedrosian 1998, Chatfield 1999, Beltzung & al 2010, Embanga Aborobongui & al 2011, Embanga Aborobongui & al (sous presse).

Le plus complet est actuellement la thèse d'Amboulou (1998) qui présente une description d'ensemble d'un des dialectes, le dialecte olee. Des questions plus spécifiques ont été approfondies par divers auteurs : ainsi, les processus d'harmonie vocalique se sont trouvés mieux compris grâce à l'étude de Leich (1997), qui a montré que le trait actif était le trait RTR. Les processus tonals, quant à eux, ont été éclairés par Embanga Aborobongui et al. (sous presse) qui ont dégagé le rôle central d'une contrainte d'évitement de contour dans les modifications tonales observées.

2.3 Principales caractéristiques phonologiques du mbochi

Les syllabes possibles en mbochi sont de la forme : CV, CVV, V ou VV. Comme la plupart des langues bantoues, le mbochi n'a pas de syllabes fermées, c'est à dire se terminant par une consonne.

Le mbochi a un système vocalique comportant 7 voyelles, qui peuvent être analysées selon les traits : [haut], [rond], [bas] et [RTR].

	i	e	ɛ	a	ɔ	o	u
Haut	*						*
Rond					*	*	*
Bas				*			
RTR			*	*	*		

TABLE 1. Les voyelles du mbochi

Les traits [RTR] (Retracted Tongue Root) et [Rond] sont actifs dans les harmonies vocaliques (voir Leich, 1997).

Chaque voyelle a un pendant long, qui correspond à deux mores vocaliques et est noté en doublant la voyelle (*aa* pour *a* long, par exemple).

Le mbochi compte 24 consonnes, présentées dans le tableau ci-dessous :

	Bilabiales		*Labiodentales*		*Alvéolaires*		*Alvéopalatales et palatales*		*Vélaires*
Occlusives	p	b	pf	bv	t	d	ts	dz	k
Pré-nasalisée		mb		mbv		nd		ndz	ng
Nasales		m				n		ɲ	ŋ
Fricatives			f				s		
Approximantes	β				r/l				
Semi-voyelles	w						y		

TABLE 2. Les consonnes du mbochi

Les points marquants du système sont : la série de prénasalisées, la présence d'un *β* dans le système à côté d'un *b*, le grand nombre de consonnes labiales et l'absence de *g*.

Par ailleurs, le mbochi possède deux tons : un ton haut et un ton bas. Chaque ton est porté par une more et toute more porte un ton. Une contrainte absolue interdit tout contour sur une more et déclenche des processus permettant d'éviter toute configuration non conforme, en particulier, à la suite de l'élision de voyelle (voir Embanga Aborobongui et al., sous presse).

Le mbochi présente des règles de dissimilation consonantique et d'élision vocalique très productives.

Les règles de dissimilation consonantique concernent les préfixes de forme CV précédant les noms (préfixes de classe) et les verbes (marqueurs personnels). La dissimilation est totale dans le sens où la consonne tombe lorsque le préfixe précède une racine commençant par une consonne. Cette règle génère un ensemble d'allomorphes : ainsi le préfixe de la classe 2 *ba-* apparaît-il sous la forme *b(a)* devant une racine qui commence par une voyelle et sous la forme *a* devant une racine commençant par une consonne. Les exemples suivants illustrent cette alternance :

1. ba + ásí → b̲-ásí « épouses »
2. ba + ána → b̲-ána « enfants »
3. ba + kondzi → a̲-kondzi « chefs »
4. ba + kúsu → a̲-kúsu « tortues »

(voir Beltzung et al. 2010)

Le processus de dissimilation ne s'accompagne pas d'une disparition totale de la consonne : elle laisse une trace, une position consonantique qui entraîne la formation d'une voyelle longue dans certains contextes (voir ex. 7 et 8). Cette consonne, qu'on peut dire « flottante » sera notée entre parenthèses.

Des processus d'élision vocalique se produisent régulièrement à la rencontre de deux mots phonologiques (c'est à dire de l'ensemble : mot + clitiques) lorsque le premier mot phonologique (MP) se termine par une voyelle et le deuxième commence par une voyelle. Dans le cas général (en l'absence de consonne flottante et en dehors de la suite a + i), la dernière voyelle (ou la dernière more) du premier MP tombe.

Exemples :

5. oyúlalámbi
   (m)o-yúlu á-lámb-i
   Cl1.femme Cl1.Pas-cuisiner-Récent
   « La femme a cuisiné. »

6. okondzásɛri
   (m)o-kondzi á-sɛr-i
   Cl1.chef Cl1.Pas-dire-Récent
   « Le chef a dit. »

Lorsque *a* et un *i* viennent en contact, il y a optionnellement une coalescence, résultant en la formation d'une voyelle intermédiaire *e* ou *ɛ* (en fonction de l'harmonie vocalique avec la voyelle suivante).

Les consonnes flottantes interviennent dans ces processus d'élision, engendrant la formation de voyelles longues, comme l'illustrent les exemples suivants :

7. ayúlaalámbi
   (b)a-yúlu (b)á-lámb-i
   Cl2.femme Cl2.Pas-cuisiner-Récent
   « Les femmes ont cuisiné. »

8. akondzaásɛri
   (b)a-kondzi (b)á-sɛr-i
   Cl2.chef Cl2.Pas-dire-Récent
   « Les chefs ont dit. »

Les voyelles longues résultent d'un allongement compensatoire, dans la mesure où la voyelle suivante s'est allongée pour compenser la perte de la première voyelle. La présence de la consonne flottante a pour effet de maintenir la more de la première voyelle et de la protéger de l'élision.

Ajoutons que des mécanismes de restructuration tonale sont associés à ces processus d'élision. Ces divers mécanismes tonals et segmentaux sont en cours d'étude par M. Embanga Aborobongui (en préparation).

3 Corpus et méthodes

L'étude se situe dans la ligne d'études précédentes sur des langues africaines sous dotées, fondées sur des corpus oraux et utilisant une procédure d'alignement automatique originellement développée pour des langues « bien dotées » (A. Sharma Grover & al. 2010, Gelas & al. 2010).

Corpus Le corpus utilisé dans cette étude repose sur la lecture de contes traditionnels, une des rares oeuvres transcrites de langue mbochi (Obenga 1984). Ces contes ont été lus par un locuteur natif. La présente étude se limite a trois de ces contes: *ndéngé yá diá tsέsi ɔmwεnέ* «Le lièvre et l'éléphant», *εbɔ́ɔ bá la ɔnɔɔ* « *La main et la bouche* » et *Lekú áyaá la ayúlu* «*La mort et la femme*» d'une durée totale de 10 minutes.

Pour ces trois contes, une transcription manuelle avec notation des consonnes flottantes entre parenthèses a été effectuée.

Le tableau 3 donne une description du corpus en termes de phonèmes et de mots (types et tokens) inclus dans le corpus, de nombre de jonctions de mots avec deux voyelles venant en contact (V1#V2) ou deux voyelles et consonne flottante (V1#*Cflott*V2):

	tokens	types	
total phonèmes	4035	30	
total voyelles	2438	7	
total consonnes	1597	23	
total labiales (hors w)	514	6	/β,b,m,mb,bv,mbv/
total /β/	197	1	
total /b/	128	1	
total mots	1348	460	
tot. contextes V1#V2	386	-	
tot. contextesV1#*Cflott*V2	198	-	

TABLE 3 – Description du corpus CONTESOBENGA en termes de phonèmes (avec focus sur les labiales) et mots lexicaux (types et leurs occurrences dans le corpus = tokens), nombre de contextes V1#V2 et V1#CflottV2.

Système d'alignement automatique à partir du français Afin de pouvoir rechercher et écouter des mots ou des réalisations de séquences de phonèmes mbochi spécifiques dans le signal, nous avons aligné notre corpus par alignement automatique en adaptant le système de reconnaissance du LIMSI (Gauvain et al 2005). Ce système, développé pour le français, n'a que très peu été modifié pour traiter la langue mbochi. Des modèles acoustiques du français (indépendants du contexte) ont été utilisés pour emprunter ou initialiser des modèles acoustiques mbochi. Nous rappelons ici rapidement les étapes essentielles pour traiter le mbochi:

1. définir un transcodage entre inventaires phonémiques français et mbochi afin

d'établir une correspondance entre mbochi et français en s'appuyant sur les correspondances IPA. La bilabiale /β/ a été modélisée par le /w/ français et la nasale /ng/ comme séquence /n/ et /g/.
2. emprunter des modèles acoustiques à partir de modèles existants d'une autre langue (français). Les modèles acoustiques du français servent ainsi comme approximation des sons en mbochi. Les consonnes complexes telles que /mbv/ ont été décomposées pour être modélisées comme concaténation (/m/, /b/ et /v/ français pour /mbv/). Nous sommes conscients que cette manière de procéder augmente la topologie des modèles des sons complexes mbochi et ne correspond certainement pas au mieux au décours temporels de ces sons.
3. créer un vocabulaire pour la langue mbochi (une liste de mots). Notre vocabulaire se limite aux mots présents dans les transcriptions du corpus enregistré.
4. créer un dictionnaire de prononciation. La correspondance graphème-phonème est transparente. Nous avons écrit un script PERL qui transforme les graphèmes (lettres accentuées indiquant les tons) en phonèmes (correspondant essentiellement à la même lettre sans accent). Les tons n'ont pas été codés dans les prononciations, dans la mesure où nous n'avons pas de modèles à tons en français.
5. la tire lexicale des fichiers .TextGrid a été transformée par script PERL en format NIST .stm qui permet d'être comprise par les systèmes de reconnaissance automatique.

Afin d'étudier les contacts de mots, en particulier les contacts V1#V2 et V1#CflottV2 nous avons exploré notre corpus par alignement automatique en utilisant le système de reconnaissance du LIMSI par alignement automatique.

Alignement automatique Concernant l'étape 4 du dictionnaire de prononciation, nous avons élaboré deux versions de dictionnaires (voir Table 4). La première version donne pour chaque entrée lexicale sa prononciation complète (ou canonique) telle que dérivée de l'écriture. Afin de pouvoir rendre compte des processus d'élision vocalique, la deuxième version propose également des prononciations plus courtes avec des élisions conditionnelles de voyelles en début et fin de mot, la condition étant que le mot précédent se termine par une voyelle ou que le mot suivant commence par une voyelle.

Mots	Prononciation canonique	Variantes
ibáá	ibaa	iba(V), (V)baa
tsέsi	tsεsi	tsεs(V)
oyénga	ojenga	ojeng(V), (V)jenga
ngá	nga	ng(V)

TABLE 4 – Exemples de mots et prononciations du dictionnaire de prononciation. La deuxième colonne indique les prononciations complètes, la troisième colonne montre des variantes rajoutées pour tester le phénomène d'élision vocalique. La notation (V) en début et fin de prononciation indique une prononciation conditionnelle, dépendant des contextes.

Nous avons effectué deux séries d'alignement pour étudier en particulier les phénomènes d'élision de voyelles en frontière de mots. La première série utilise le dictionnaire canonique avec les formes complètes tandis que la deuxième série s'appuie sur un dictionnaire enrichi des variantes afin de rendre compte des chutes vocaliques. Un exemple des deux alignements en parallèle est illustré par la figure 1.

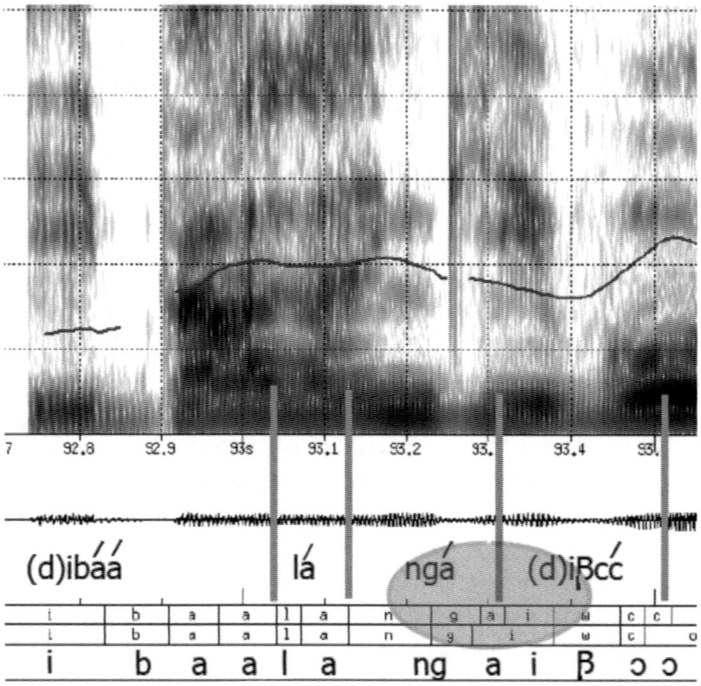

FIGURE 1 – Spectrogramme montrant un extrait du conte *La main et la bouche* avec 2 lignes d'alignements/segmentations en phones : 1) en fonction du dictionnaire de prononciations complètes ; 2) en fonction du dictionnaire enrichi des variantes à chute vocalique. Les barres verticales indiquent les frontières de mot. L'ellipse rouge montre un contact V1#CflottV2 avec une chute de voyelle.

La figure 1 montre un spectrogramme d'un extrait de parole en mbochi avec en-dessous deux alignements en phones légèrement différents. La nasale /ng/ résulte ainsi en deux segments consécutifs [n] et [g] (que nous avons refusionnés pour compter le nombre de phonèmes présents dans le corpus). L'ellipse rouge illustre un contact V1#CflottV2, où se produit une chute vocalique de V1. Le premier alignement (à partir d'un dictionnaire de prononciation sans variantes) n'a pas prévu une telle élision : en conséquence un segment [a] de durée minimale (30ms) est présent ici, alors qu'il disparaît dans la ligne du dessous.

4 Exploration phonologique

Les processus d'élision présentés en 1. ont été établis à partir de procédures communes en phonologie, consistant à créer des exemples afin de valider ou non une hypothèse.

Ainsi, les rencontres des diverses voyelles en finale et en début de mot ont été testées systématiquement dans des exemples présentant les rencontres de voyelles possibles. Le même type de travail sur la combinatoire a permis de dégager le rôle des consonnes flottantes dans la formation des allongements compensatoires. Les effets des divers contextes syntaxiques (sujet+ verbe, verbe+complément, etc) ont aussi été explorés et ceux-ci ne paraissent pas avoir d'influence sur ces processus.

Le traitement automatique mis en œuvre pour ce corpus nous permet d'explorer ces processus à plus grande échelle et de vérifier leur régularité et généralité.

La table suivante présente le nombre de mots du corpus avec voyelle initiale et finale ainsi que leurs pourcentages respectifs :

	total	avec V initiale	avec V finale
#nombre de mots	1348	460	1348
pourcentage de mots	100%	34.1%	100%

Table 5 : Nombre et pourcentages de mots avec voyelle initiale et voyelle finale

L'analyse des contacts V1+V2 et V1 C flottante V2 à la jonction de mots aboutit aux résultats suivants :

	V1+V2	V1 Cflottante V2
nombre de mots	386	198
pourcentage élision V1	85%	83.3%
pourcentage élision V2	3.9%	6.1%
moyenne de la durée vocalique	0,16s	0,18s

Table 6. Contacts V1+V2 et V1 Cflottante V2 à la jonction de mots : nombre de mots, pourcentage d'élision de V1, V2, et moyenne de la durée de la voyelle résultante.

Les chiffres indiquent un processus d'élision dans le corpus très important pour V1 (85% pour le contact V1+V2, et 83,3% pour le contact V1 Cflottante V2) et au contraire faible pour V2 (respectivement 3.9% et 6.1%).

La présence ou non d'élision vocalique a été vérifiée à l'écoute et notée manuellement pour les 80 contacts de mots de la forme V1V2 et V1 CflottV2 présents dans un des contes du corpus (*Le lièvre et l'éléphant*). On note 7 non-élisions correspondant à des pauses, relevées de façon concordante dans la notation manuelle et la notation automatique. 57 élisions reconnues à l'écoute ont été également prises en compte par l'alignement automatique. Dans l'état actuel de son adaptation au mbochi, les cas problématiques pour l'alignement automatique sont : 1) la coalescence, avec son changement vocalique non prévu dans la procédure d'alignement (1cas), 2) l'élision de voyelles longues, qui dans l'alignement automatique n'est que partielle du fait de la transcription des voyelles longues par deux voyelles (7 cas), 3) la non-élision des voyelles des racines monosyllabiques, qui seraient à protéger de l'application des mécanismes d'élision (2 cas).

En dépit de la limitation de la procédure d'alignement aux cas les plus typiques (mais aussi de loin les plus nombreux), les données émanant de l'alignement automatique, confirment que les processus d'élision vocaliques sont très généraux dans la langue, qu'ils ne sont pas limités à des constituants prosodiques ou syntaxiques, comme l'est par exemple, la liaison en français. Ce point est important dans la mesure où, typologiquement, il est peu fréquent que ce type de mécanismes se produise dans l'ensemble de la phrase.

Les pourcentages d'élision de V1 comme V2 sont comparables pour V1 + V2 et V1 Cflottante V2, ce qui était attendu, la présence de la consonne flottante ne semblant pas intervenir dans les élisions de timbre vocalique mais au niveau de la durée de la voyelle résultante.

La dernière ligne du tableau présente la durée moyenne des voyelles résultant des processus d'élision sans et avec consonne flottante. On s'attendait à ce que la voyelle soit plus longue lorsqu'une consonne flottante est présente. Les résultats vont dans ce sens mais assez faiblement, l'accroissement n'étant que de 20ms lorsqu'une consonne flottante est impliquée. Des investigations supplémentaires seraient ici nécessaires.

5 Conclusion

Notre étude représente une première tentative d'alignement automatique sur une langue bantoue du Congo-Brazzaville, impliquant quelques difficultés à surmonter dans l'adaptation à ses caractéristiques propres. Le corpus aligné a permis de quantifier la proportion de voyelles et de consonnes, en particulier des consonnes labiales. L'ensemble des mots du corpus se termine en syllabe ouverte et un tiers des occurrences de mots ont une voyelle en début de mot. Nous avons implémenté les mécanismes d'élision vocalique dans le système d'alignement. Une première étude quantifiée, sur la base des 3 contes enregistrés, sur ces processus d'élision vocalique et leurs contextes d'occurrence, confirme leurs fréquences (autour de 85%) et leur non-limitation à des constituants en dessous de la phrase. Par ailleurs, concernant l'hypothèse d'allongement compensatoire en cas de consonne flottante, les données tendent à montrer une augmentation de la durée vocalique V2 autour de 20ms, sans pour autant clairement démontrer l'existence de cet allongement.

Les travaux en cours visent à la fois à augmenter le corpus audio en variant les styles et les locuteurs, à approfondir les descriptions acoustico-phonétiques et les mécanismes phonologiques à plus grande échelle et à augmenter nos connaissances sur la langue mbochi et sa visibilité en particulier sur la toile.

Remerciements

Le travail présenté a été en partie soutenu par le projet ANR-DFG BANTUPSYN Phonology/Syntax Interface in Bantu languages (ANR-08-FASHS-005-01) et par le LabEx EFL (Empirical Foundations of Linguistics).

Références

AMBOULOU, C. (1998). *Le Mbochi : langue bantoue du Congo Brazzaville (zone C, groupe C20).* Thèse de Doctorat, INALCO : Paris.

BELTZUNG, J-M, RIALLAND, A, EMBANGA ABOROBONGUI, M. (2010). Les relatives possessives en ɛmbɔ́sí (C25). *ZAS Papers in Linguistics* 53, pages 7-37.

BEDROSIAN, P. L. (1998). The Mbochi noun class system. *Journal of West African Languages* 26, pages 27-47.

CHATFIELD, R. (1999). *Temps modes et aspects en mbochi.* ms. S.I.L., Congo

EMBANGA ABOROBONGUI, M, RIALLAND, A, BELTZUNG, J-M. (sous presse).Tone and intonation in a Bantu language: Embosi, *In Proceedings of the 4th World Conference on African Languages*, Cologne, August 2009.

EMBANGA ABOROBONGUI, M, BELTZUNG, J-M, FATIMA, H, RIALLAND, A. (2011).Questions partielles en ɛmbɔ́sí. *ZASPIL* 55, pages 7-21.

FONTANEY, L. (1988), Mboshi : Steps toward a Grammar: Part I. *Pholia* 3, pages 87-169.

FONTANEY, L. (1989), Mboshi : Steps toward a Grammar: Part II. *Pholia* 4, pages 71-131.

GAUVAIN, J.L et al. (2005), Where are we in transcribing French broadcast news? *In Proceedings of Interspeech*, Lisbonne, pages 1665-1668.

GELAS, H., BESACIER, L., ROSSATO, S. & PELLEGRINO, F., (2010), Using automatic speech recognition for phonological purposes: study of vowel length in Punu (Bantu B40), *LabPhon 12*, New-Mexico, 8-10 juillet.

GUTHRIE, M. (1967-1971). *Comparative Bantu.* 4. volumes. Farborough : Gregg

LEITCH, M. (1997), *Vowel harmonies of the Congo Basin: An Optimality Theory analysis of variation in the Bantu zone C.* University British Columbia, Doctoral thesis.

NDINGA OBA, A. (2003). *Les langues bantoues du Congo Brazzaville : étude typologique des langues du groupe C20 (mbosi ou mbochi). Tome 1 : Introduction, Présentation, Phonologie.* Paris : L'Harmattan.

NDINGA OBA, A. (2004). *Les langues bantoues du Congo Brazzaville : étude typologique des langues du groupe C20 (mbosi ou mbochi). Tome 2 : Classes nominales, Conclusion générale.* Paris : L'Harmattan.

OBENGA, T. (1976), *la cuvette congolaise : les hommes et les structures.* Paris, Présence Africaine.

OBENGA, T. (1984), *Littérature traditionnelle des mbochi : Etsee leyamba.* Paris, Présence

Africaine.

OLLASA, P. (1969), *Phonologie du mbosi (dialecte du Congo Brazzaville)*. Mémoire de Maîtrise, Faculté des Lettres et Sciences Humaines de Bordeaux.

SHARMA GROVER, A., CALTEAUX, K., VAN HUYSSTEEN, K. & PRETORIUS M. (2010), An overview of HLTs for South African Bantu languages? *In Proceedings of the 2010 Annual Research Conference of the South African Institute for Computer Scientists and Information Technologists (SAICSIT)*, Bela-Bela (South Africa), pages 370-375.

Élaboration d'un dictionnaire bilingue kanouri-français

Kalmaram təlamyindia kanori-faransa

Abdoulkarim Chérif Ari[1], *Arimi Boukar*[2], *Kevin Anthony Jarrett*[3], *Maï Moussa Maï*[4], *Manoua Djibir*[5], *Taweye Aïchéta Chégou Koré*[1]
(1) DGPLN BP 557Niamey, Niger
(2) DGAENF BP 525 Niamey, Niger
(3) SIL Niger BP 10151 Niamey, Niger
(4) INDRAP BP 10184 Niamey, Niger
(5) BP10184 Niamey Niger
cherifari63@hotmail.com, Kevin_Jarrett@sil.org, bodetmichel@yahoo.fr, aichata_indi@yahoo.fr

RÉSUMÉ

Cet article présente la structure du dictionnaire kanouri-français de 6 000 entrées élaboré lors du projet SOUTÉBA puis informatisé lors du projet DiLAF. Il présente également la langue kanouri, ses locuteurs ainsi que la place de la langue dans les différentes classifications génétiques. Viennent ensuite une description de sa typologie et de son système verbal. L'article se termine par une description de l'orthographe kanouri.

ABSTRACT

Construction of the Kanuri-French bilingual dictionary

This paper presents the structure of the Kanuri-French dictionary of 6,000 entries prepared during the SOUTÉBA project and then computerized during the DiLAF project. It also presents the Kanuri language, its speakers and the position of the language in several genetic classifications. A description of its type and its verbal system follows. The article concludes with a description of the Kanuri spelling system.

MOTS-CLÉS : dictionnaire bilingue, kanouri, français, kanouri-français, langue nationale.

KEYWORDS : bilingual dictionary, Kanuri, French, Kanuri-French, national language.

1 Introduction

Pourquoi seulement aujourd'hui un dictionnaire bilingue ? Plus que jamais il est indispensable de disposer de cet outil pédagogique. *Premièrement,* la loi 98-12 du 1er Juin 1998 portant orientation du système éducatif nigérien (République du Niger, 1998) prévoit la généralisation de l'enseignement bilingue, entre autres, en son article 10 : «*les langues d'enseignement sont le français et les langues nationales. D'autres langues interviennent comme disciplines d'enseignement dans les établissements scolaires et universitaires..*». Cela revient à dire que nos écoles doivent obligatoirement disposer d'outils pédagogiques de référence tel que le dictionnaire.

Deuxièmement, la création d'un environnement lettré et la promotion des langues nationales sont aujourd'hui une réalité qui prend de l'ampleur dans notre pays. Nous en voulons pour preuve les titres produits en langues nationales par le 2PEB (Projet Éducation de Base, Promotion de l'Enseignement Bilingue, ADEA 1999), les textes législatifs adoptés, la Constitution du 25 novembre 2010 (République du Niger, 2010) et la Loi 2001-037 du 31 décembre 2001 (République du Niger, 2001). Ceci oblige d'avoir en plus de l'arrêté orthographique (République du Niger, 1999), un outil lexical de référence afin de codifier l'orthographe des mots pour que tous, nous écrivions la langue de la même manière.

Et enfin, *dernièrement*, ce dictionnaire vient combler un double vide. Vide parce que depuis la création de la première école expérimentale kanouri en 1979, il n'a eu d'aujourd'hui d'outil pédagogique de référence ni pour les élèves ni pour les maîtres. Vide enfin parce qu'il n'existe dans notre pays aucun dictionnaire kanouri écrit par des Nigériens en dehors des quelques rares lexiques. Or nous le savons tous, une langue qui n'est pas écrite s'appauvrit inexorablement.

Le dictionnaire bilingue kanouri-français est prioritairement destiné aux élèves et au maîtres d'enseignement bilingue kanouri-français. Ce dictionnaire s'adresse aussi à tous les kanouri qui veulent connaître un peu plus leur langue et à tous ceux qui souhaiteraient apprendre le kanouri. Nous n'oublions pas non plus les étudiants ou de façon générale ceux qui font des recherches sur le kanouri : ils peuvent trouver ici un sujet d'investigation.

Plusieurs étapes ont été suivies avant d'arriver à la réalisation du dictionnaire bilingue kanouri-français : formation d'un groupe de six auteurs en lexicographie et à l'utilisation du logiciel Shoebox (Buseman et al, 2000), conception d'une nomenclature liée aux vingt (20) thèmes étudiés au cycle de base 1, travaux d'enquête sur le terrain dans les zones kanouriphones qui ont permis à enrichir la nomenclature par la collecte des mots nouveaux auprès de la population, exploitation des manuels, des lexiques et autres documents. C'est après tout ceci que l'équipe s'est attelée à la rédaction des fiches proprement dites.

À l'issue de ces travaux un dictionnaire éditorial bilingue kanouri-français de 6 003 entrées a été obtenu. La conversion de ce dictionnaire en version électronique verra le jour grâce au projet DiLAF (Mangeot & Enguehard, 2011), soutenu par l'Organisation Internationale de la Francophonie.

Au Niger, le travail dictionnairique en kanouri ne fait que commencer. C'est pourquoi nous exhortons les locuteurs, les spécialistes et tous ceux qui s'intéressent à la langue kanouri de réagir face à cette œuvre humaine qui est forcément incomplète et imparfaite, car la langue kanouri est vaste, très vaste et nous, nous avons seulement entamé la tâche.

1.1 Organisation du dictionnaire

Ce dictionnaire élémentaire est constitué d'un vocabulaire fondamental de 6003 entrées. Il est sous la forme électronique. Il comprend une seule grande partie qui est le corps du dictionnaire. Cette partie comporte toutes les entrées, les définitions, les exemples et d'autres informations. Chaque entrée est présentée en gras. Elle est suivie de sa transcription phonétique c'est-à-dire comment est prononcé le mot.

La catégorie grammaticale est écrite en abrégé en kanouri. Elle informe le lecteur sur la nature du mot : nom, adjectif, pronom etc.

La définition de chaque mot est suivie d'un exemple. Il y a des cas où un mot a deux ou trois sens, une numérotation est mentionnée. Pour les homonymes, nous avons procédé au système de renvoi. Enfin pour chaque entrée son équivalent est mentionné en français.

Voici la présentation d'une entrée dans le corps du dictionnaire.

1 entrée en kanouri	2 Prononciation	3 catégorie grammaticale en abrégé ici kalma kəndoye 2
Kuruktu	[Kùrúktú]	Kkye 2

4 Définition	5 Exemple	6 Homonyme	7 Sens français
Jamaro isafanduwu	Lamar wakkajiya, ngulu kurukci	Mn.:màwòdú	Fr: diffuser

1.2 La langue kanouri

Parlé par le peuple du même nom, le kanouri est l'une des dix langues nationales que compte le Niger. Le peuple kanouri vit essentiellement sur le site de l'ancien Empire Kanem-Bornou qui s'étendait de la cuvette du Lac Tchad au Kawar. A cause de la balkanisation du continent africain, le peuple kanouri vit aujourd'hui réparti dans principalement quatre états qui sont: le Cameroun, le Niger, les Nigeria et les Tchad.

Avant de poursuivre, disons que c'est au Nigeria, précisément dans l'état de Bornou que vit le plus grand nombre de locuteurs. En effet, les kanouri y sont estimés à plus de deux millions d'âmes en 1981 (Hutchison, 1981) Pour diverses raisons, certains considèrent à l'heure actuelle la ville de Maidougouri (capitale de l'état fédéré de Bornou) comme le fief du kanouri. Premièrement, c'est le lieu où réside le plus grand nombre de kanouriphones. Deuxièmement, elle est la résidence du sultan de Bornou. Le parler de Maidougouri, le yerwa, est aussi appelé kanouri tout court ou dialecte central. C'est lui qui a servi de base à l'orthographe du kanouri standard aujourd'hui enseigné à l'Université et dans les écoles primaires de l'état de Bornou.

1.3 Nombre de locuteurs, aires, dialectes et activités

Selon le recensement général de la population nigérienne en 1977, le nombre de locuteurs kanouri est estimé à 550.000 pour une population totale évaluée à 5.288.245

habitants.

Le département de Diffa est essentiellement peuplé de kanouri. Le kanouri est également parlé dans ceux d'Agadez (Bilma, Fachi, Dirkou, etc.) et de Zinder (Gouré, Tanout, Kellé, Guidimouni, Guidigir, Mirriah, Zinder, etc.). Les kanouri occupent donc un vaste espace géographique qui s'étend du Kawar à l'extrême-est du pays en passant par le Damagaram. Cet espace est bien sûr partagé avec d'autres peuples dont les Boudoumas, les Toubou, les Peuls et les Arabes.

Selon les études faites jusqu'à nos jours, la langue kanouri se compose de neuf (9) dialectes répartis dans deux grands groupes à savoir le kanouri et les kanembou. Les dialectes du groupe kanouri sont les suivants : le bilma, le dagara, le fachi, le jetko, le manga et le mobeur. Ceux du groupe kanembou sont : le koubouri, le sougourti et le toumari. Sauf des cas restreints, les divergences existant entre ces dialectes n'affectent pas fondamentalement l'intercompréhension entre les locuteurs.

Les deux activités principales des kanouri sont l'agriculture et l'élevage mais en plus, les riverains de la Komadougou Yobé et du lac Tchad pratiquent la pêche. Par ailleurs, l'artisanat est assez développé en milieu kanouri. Il faut noter qu'aujourd'hui d'autres activités commerciales prennent une place de choix dans leur quotidien.

Avant de clore ce volet, il faut préciser que le kanouri n'est pas standardisé au Niger mais il existe un arrêté ministériel qui en codifie l'orthographe (République du Niger, 1999).

1.4 Classifications génétiques

Greenberg (1966) classe le kanouri dans la famille des langues Nilo-sahariennes. Celle-ci comprend six grands groupes dont le saharien qui est lui même subdivisé en deux sous-groupes: le saharien occidental et le saharien oriental. Le saharien occidental comprend le kanouri et le toubou. Enfin le kanouri est lui aussi divisé en deux groupes dialectaux dont le kanouri et le kanembu comme nous l'avons dit plus haut.

CLASSIFICATION GÉNÉTIQUE DE LA LANGUE kanouri (GREENBERG, 1966)

NILO – SAHARIENNE

Songhai Maban Saharien Fur Chari-Nil Koman

LES LANGUES SAHARIENNES (Tucker & Bryan, 1966)

Saharien Occidental **Saharien Oriental**

kanouri toubou zagawa berti

kanouri kanembu teda daza bideyat kaobe kapka tuer bala berti

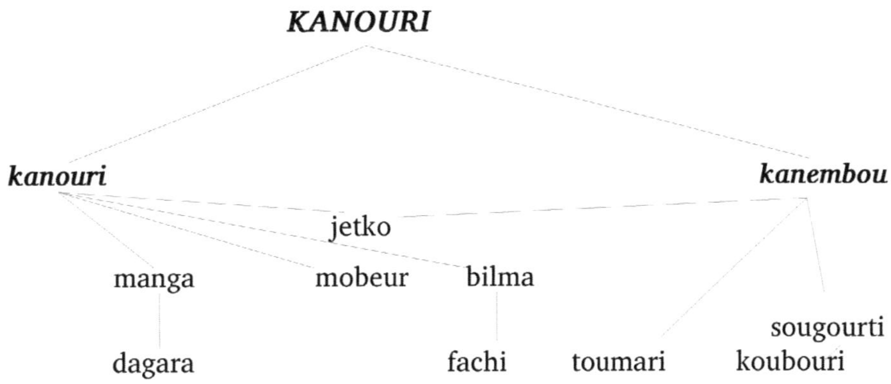

2 Typologie de la langue

2.1 Structure de base de la langue kanouri

En kanouri, l'énoncé verbal simple compte le plus souvent un sujet en position initiale suivi d'un objet en position médiane et d'un verbe en position finale. Ce qui fait que dans la langue kanouri, l'ordre dominant des éléments de base est:

Sujet (S) + Objet (O) + Verbe (V) (SOV).

Exemples :

Fanta Kasuwuro lejəna «Fanta est allée au marché»

Musa dimi duji «Moussa chasse la brebis»

Abdu argəm cəladi «Abdou vend du mil»

Néanmoins, l'on y trouve également l'ordre objet + sujet + verbe (OSV).

Exemples :

Tia Amina cuwori «Amina le sollicite»

Ngalo Moduye maji «Modou cherche du haricot»

Wua Fati suruna «Fati m'a vu»

2.2 Postposition

Le kanouri est une langue à structure dominante SOV. Or dans les langues SOV, toutes les ad- positions (terme désignant les prépositions et les postpositions) sont post posées. Donc le kanouri admet la postposition. Les rares prépositions que l'on trouve sont des emprunts : har, sai, etc.

Les postpositions du kanouri (+ ro, + ye, + nin, + lan, etc.) indiquent la fonction grammaticale des syntagmes nominaux de la langue. L'exemple qui suit montre la postposition +a marquant Bosono comme complément d'objet direct et la postposition

+lan qui marque lowotordi comme complément circonstanciel de lieu: Bosonoa lowotordilan rukkena «j'ai vu Bosono au dispensaire».

Voici quelques postpositions du kanouri:

+ye	agent, locuteur
+a	objet direct
+ro	indirect
+(la) n, + nin	moyen, instrument, lieu

2.3 L'agglutination

Le verbe kanouri est d'une morphologie agglutinante c'est-à-dire que les morphèmes grammaticaux d'inflexion du verbe sont collés à sa racine, liés par l'assimilation phonologique, pour former un seul mot dans lequel ces morphèmes sont toujours distincts et segmentales. Par exemple fəlenjəgəkki est une phrase complète que l'on peut rendre par 4 mots en français: «Je te le montre». Cette phrase agglutinée est construite des morphèmes suivants:

- fəle+: racine du verbe
- +njə+: pronom affixé d'objet de la 2e personne du singulier
- +gə+: morphème dérivé de ferme appliquée du verbe
- +kk+: morphème affixé du pronom sujet de la 1ère personne du singulier
- +i: morphème de l'aspect du verbe à l'imparfait.

Nous avons alors la structure segmentale : fəle+njə+gə+kk+i

2.4 Ordre l'occurrence à l'intérieur du Groupe Nominal

Dans le syntagme nominal, le nom principal (ou antécédent) précède toujours tout élément de qualification ou de détermination.

Exemple :

Ləmandə	«l'animal» (en question)
Ləman todə	«l'autre animal»
Ləmannəm	«ton animal»
Ləman ladəkkəna	«j'ai vendu un animal»
Ləman ladəkkənadə	«l'animal que j'ai vendu»

2.5 Morphologie dérivée du substantif.

En kanouri, le procédé de dérivation du substantif le plus courant et le plus productif est la suffixation.

Exemple :

Kagəlma	«forgeron»
Kagəlmari	«quartier des forgerons»

2.6 Système tonal

Le professeur Ward (1926) est la première personne à découvrir que le kanouri est une langue à tons. C'est à elle que l'on doit aussi le premier texte kanouri imprimé avec une transcription phonétique en 1926.

On trouve donc en kanouri les tons ponctuels (haut et bas) et les tons modulés (montant et descendant.) Les premiers ont une fonction distinctive et leur contexte d'occurrence ne connait pas de restriction.

Exemples :

kóró	«âne»	kòrò	«question»
dúnó	«cuisse»	dúnò	«force».

Le ton montant est moins fréquent que le ton descendant qui apparaît, en général, sur les syllabes finales. Le ton montant est obtenu par la jonction des deux tons bas et haut et le ton descendant par celle des deux tons haut et bas du moins en ce qui concerne les formes verbales.

Exemples :

kâm	«personne»	bê	«saison chaude»
lěkkì	«je vais»	lêkkì	«je touche»

Nous avons ainsi les tons qui suivent: bas, haut, montant et descendant.

Conventionnellement, les tons sont placés sur les voyelles et pour les diphtongues sur la première voyelle: kîam «lait», dôi «rapide».

Exemples :

Ton bas

tà «attraper»	bàrà «chasse»	lùwòràm	«issue»
rò «voir»	ngàwò «entrer»	bàràmà	«chasseur»

Ton haut

fál «un»	kámú «femme»	nángə́ɍí	«hivernage»

kél	«piège»	ngə́wúl	«œuf»	sósádú	«accueillir»

Ton descendant

kâm	«personne»	kànî	«chèvre»
cû	«nom»	câmân	«bien avant»
kàngê	«fièvre»		

Ton montant

lěkkì	«je vais»
kǎinò	«odeur»

2.7 Syllabe

Eu égard à la phonologie synchronique, les seules séquences consonne/voyelle permises dans la syllabe kanouri sont: **CV** et **CVC**. Il arrive que l'on trouve la syllabe consistant en une seule voyelle **(V)** mais uniquement en position initiale et ce, comme le résultat d'emprunts à d'autres langues. Comme le dit Jarrett pour le yerwa, il n'existe pas de voyelles longues en kanouri. Pour autant, dans l'orthographe actuelle du kanouri, on rencontre des mots ayant une structure syllabique CVV. De tels mots sont dissyllabiques à l'origine et sont le résultat d'une lénition de consonnes à l'intervocalique.

Exemples :

CV		**CVC**	
tada	«garçon»	kam	«personne»
fero	«fille»	ran	«gage»
V		**CVV**	
ada	«tradition»	jaa	«panier»
uwu	«cinq»	kaa	«grand parent»

Hormis les idéophones qui ont une fonction particulière dans le lexique de la langue, il y a essentiellement quatre consonnes en finale de mots kanouri à savoir les deux liquides | l |, | r | et les nasales | m |, | n | très rarement la fricative | s | si ce n'est dans les mots d'emprunt. Mais en finale des idéophones nous avons les occlusives | p |, | t |, | k | (sourdes) et | b | (sonore).

Quant aux voyelles, elles apparaissent toutes en finale de mot.

Exemples :

Gurumbel	«clou de girofle»	dal	«bouc»
Ngor	«cuvette»	gar	«clôture»

Kulum	«bague»	kəlam	«insipide»
Kattan	«alêne (une)»	taman	«prix»
Kuris	«chaise»	dərməs	«sombre»

2.8 Les idéophones ou «specific adverbs»

Par ce terme, Hutchison (1981) désigne un certain nombre de mots (lexèmes) kanouri qui fonctionnent à la manière des adverbes si nous admettons l'adverbe comme «un mot qui accompagne un verbe, un adjectif ou un autre adverbe pour en modifier ou en préciser le sens». Ces adverbes spécifiques (pour reprendre les termes de Hutchison) ont non seulement une occurrence particulière mais n'ont de sens que celui de spécifier le mot qu'ils accompagnent. En plus, ils ont chaque fois tendance à accompagner le même mot dans le discours. Remarquons que les syllabes de l'adverbe spécifique sont souvent au même niveau qui est généralement le ton haut.

Exemples :

Kime cit	«très/tout rouge»	de sul «totalement vide»
kəꞧꞧi tərət	«très/tout vert»	jat bodu «se coucher tout allongé»
kərəp jaktu	«fermer hermétiquement»	bəp njuro «tomber de tout son poids»
bune farai	«toute la nuit»	
cələm fədək	«très/tout noir»	

3 Le système verbal kanouri

En kanouri, il existe trois classes verbales que l'on peut résumer comme suit:

3.1 Première classe

- Comportement irrégulier
- Fermée (cinq membres): bafo «devenir puissant»; dəga «demeurer»; ngawo «entrer», iso «venir», no «mourir»
- Pas de marque apparente de la 3e personne.

Exemple : Imparfait

bafo	«devenir puissant»	iso	«venir»
bafəkki	«je deviens puissant»	isəkki	«je viens»
bafəmi	«tu deviens puissant»	isəmi	«tu viens»
bafi	«il devient puissant»	isi	«il vient»
bafiye	«nous devenons puissants»	isiye	«nous venons»

bafuwi	«vous devenez puissants»	isuwi	«vous venez»
bafai	«ils deviennent puissants»	isai	«ils viennent»

3.2 Deuxième classe

- Comportement irrégulier
- Fermée (environ 150 verbes)
- Il existe une marque apparente de la 3e personne.

Exemple : Imparfait

Koro	«demander»	fando	«obtenir»
korəkki	«je demande»	fandəkki	«j'obtiens»
korəmi	«tu demandes»	fandəmi	«tu obtiens»
cuwori	«il/elle demande»	cuwandi	«il/elle obtient»
koriye	«nous demandons»	fandiye	«nous obtenons»
koruwi	«vous demandez»	cawandi	«ils/elles obtiennent».

3.3 Troisième classe

- Comportement régulier
- Ouverte (nombre illimité de verbes)
- Possède un verbe auxiliaire de conjugaison dont la racine est n+ «dire, penser»

Auxiliaire n+

Imparfait

nəkki	«je dis»	niye	«nous disons»
nəmi	«tu dis»	nuwi	«vous dites»
cəni	«il dit»	cani	«ils disent».

Pour conjuguer un verbe de la 3e classe, on ajoute l'auxiliaire «n+» à sa racine et il faut retenir que de nombreuses transformations morphophonologiques se produisent au niveau des frontières RV (racine verbale) et Aux (auxiliaire) ou Aux et MP (marque de personne), etc.

Exemples : Imparfait

tardu	«répandre»	tuldu	«laver»
tarnəkki	«je répands»	tulləkki	«je lave»
tarnəmi	«tu répands»	tulləmi	«tu laves»
tarji	«il répand»	tulji	«il/elle lave»

tamiye	«nous répandons»	tulliye	«nous lavons»
tarnuwi	«vous répandez»	tulluwi	«vous lavez»
tarjai	«ils répandent»	tuljai	«ils/elles lavent»

En conclusion, la troisième classe reste très ouverte et admet tous les verbes qui entrent nouvellement dans la langue kanouri.

Exemples : Imparfait

mushedu	«devenir fonctionnaire»	haramdu	«exécrer»
mushenəkki	«je deviens fonctionnaire.»	haramməkki	«j'exècre»
mushenəmi	«tu deviens fonctionnaire.»	haramməmi	«tu exècres»
musheji	«il devient fonctionnaire.»	haramji	«il/elle exècre»
musheniye	«nous devenons fonctionnaire.»	harammiye	«nous exécrons»
mushenuwi	«vous devenez fonctionnaire.»	harammuwi	«vous exécrez»
mushejai	«Ils deviennent fonctionnaire.»	haramjai	«ils/elles exècrent»

4 Orthographe

Il existe au Niger depuis treize ans l'arrêté 0213/MEN/SP-CNRE (République du Niger, 1999) qui fixe l'orthographe du kanouri.

4.1 L'alphabet

Il compte vingt huit lettres : ' a b c d e ə f g h i j k l m n ny o p r ɍ s sh t u w y z.

À cela il faut ajouter :

- **les diphtongues :** ai au ei oi ui iu ou ea ia oa ua io.
- **les digraphes :** ny, sh

4.2 Quelques règles de l'orthographe

4.2.1 Mot simple

Le mot simple est une unité compacte, il s'écrit tel quel.

Exemples : fado «la maison», karmo «la mort»

4.2.2 Mot dérivé

Le mot dérivé est une association d'un mot simple et d'un préfixe et/ou d'un suffixe. Ses éléments constitutifs s'écrivent toujours collés. Ex. : kagəl + ma = kagəlma «forgeron»

4.2.3 Mot composé

Le mot composé est une combinaison de deux ou plusieurs mots simples ou dérivés. Ses constitutifs s'écrivent toujours collés.
Exemples : Kare «affaire», Karekalu «condiment», Kalu «sauce»

4.2.4 Assimilation

+ro, marque de l'objet indirect, s'écrit +ro tout court après toutes les voyelles, +bo après la nasale m et +o après toute autre consonne à l'exception de m mais dans ce cas, la consonne en question est redoublée. Exemples:

dimiro «à la brebis»; maləmbo «au marabout»; dallo «au bouc»

+ye, marque du locuteur, s'écrit +ye tout court après toutes les voyelles, +be après la nasale m et +e après toute autre consonne à l'exception de m mais dans ce cas la consonne en question est redoublée. Exemples:

feroye: «Aa!» yeno	La fille dit: «Oui!»
maləmbe: «Are!» yeno	le marabout dit: «viens!»
ladanne: «lene!» yeno	le muezzin dit: «vas-y»

Le génitif +ye s'écrit +ye tout court après toutes les voyelles, +be après la nasale m, +e après toute autre consonne à l'exception de m dans ce cas, la consonne en question est redoublée. Exemples:

Si tadaye «le pied de l'enfant»

Si maləmbe «le pied du marabout»

Si ladanne «le pied du muezzin»

Le pluriel +a s'écrit +ya après les voyelles i et e, +wa après toutes les autres voyelles et +a après toute consonne mais dans le cas la consonne en question est redoublée. **Exemples :**

Kəri «chien»	kəriya «chiens»
Tada «enfant»	tadawa «enfants»
Fər «cheval»	fərra «chevaux»

Le coordinatif +a--- +a s'écrit toujours sous une forme unique, précédé toutefois d'un tiret, quel que soit le contexte dans lequel il apparaît. Lorsqu'il vient après une consonne, celle-ci est redoublée dans la prononciation mais pas dans l'écriture. Exemples.

Abdu-a maləm-a jandejai «Abdou et le marabout causent».

Le déterminatif +də s'écrit toujours accolé et sous une forme unique. Exemples:

Korodə «l'âne» (en question)

Ləmandə «l'animal» (en question)

Le collectif so s'écrit toujours accolé et sous une forme unique.

Exemples :

Dimiso cəladi «Il vend des brebis (et autres)»

Le locatif +n/+lan /+nin s'écrit toujours accolé et admet trois formes. Exemples:

Kasuwulan «au marché» baramnin «au puits»

L'additif (--- ye,)---ye lie deux ou plusieurs phrases ou constituants de phrase; il est répété après chaque élément lié et n'en n'est pas accolé. Exemples:

Isa kuruwu ye tiyia ye «Issa est grand et corpulent»

Amina ye isəna «Amina aussi est venue»

La particule de citation (--- so)---so ne se colle pas au mot qu'il suit. Exemple:

Manda so, lawasar so, gurumbel so cəladi «Il vend du sel, de l'oignon et des clous de girofle».

4.2.5 Non assimilation

Le coordinatif +a…+a s'écrit toujours sous une forme unique, précédé toutefois d'un tiret, quel que soit le contexte dans lequel il apparaît. Lorsqu'il vient après une consonne, celle-ci est redoublée dans la prononciation, mais pas dans l'écriture…

Avant de finir ajoutons que pour la rédaction en kanouri, le texte est divisible selon la hiérarchie suivante partie, chapitre, paragraphe et phrase. Pour plus de détails nous vous renvoyons à l'arrêté orthographique précité.

5 Sigles et abréviations

Abréviations en kanouri	Mots en kanouri	Équivalents français
alnj	alama njoma	adjectif
nkye	njadduwoma kəndoye	adverbe
f	fərəm	antonyme
kəl	kəlduma	conjonction
fəl	fəledama	démonstratif
fa	faransa	français
cuk	cu kaduwunjua	groupe nominal
cok	manda coktuwuma	idéophone
aj	ajabba	interjection
cuf	cu fəlaiye	nom propre
l	lamba	numéral
w	wakkil	pronom
wkə	wakkil kambe	pronom personnel

mt	maana tioa	synonyme
bg	bowodu gade	variante
kkye	kalma kəndoye	verbe
m	mane	voir

6 Conclusion

Le travail dictionnairique suit son cours. Les codages des caractères sont transformés afin d'être conformes au standard international Unicode. Les différents éléments de définition sont repérés a l'aide des balises XML et bientôt le dictionnaire kanouri-français pourra être consulté sur un site web (Mangeot & Chalvin, 2006).

7 Références

ASSOCIATION POUR LE DÉVELOPPEMENT DE L'EDUCATION EN AFRIQUE (1999) Étude prospective/Bilan de l'Éducation en Afrique : Contribution du Niger. Rapport final. Paris : ADEA.

BUSEMAN A., BUSEMAN K., JORDAN D., COWARD D (2000) The linguist's shoebox: tutorial and user's guide: integrated data management and analysis for the field linguist, volume viii. Waxhaw, North Carolina : SIL International.

GREENBERG J.H. (1966) The languages of Africa, Bloomington Indiana University.

HUTCHISON, J.P, (1981) The kanuri language: A reference grammar, University of Wisconsin, Madison.

MANGEOT, M. & CHALVIN, A. (2006) Dictionary Building with the Jibiki Platform: the GDEF case. Proc. of LREC 2006, Genoa, Italy, 23-25 May 2006, pp 1666-1669.

MANGEOT, M. & ENGUEHARD, CH. (2011) Informatisation de dictionnaires langues africaines-français Actes des journées scientifiques LTT 2011, Villetaneuse, 15-16 septembre 2011.

RÉPUBLIQUE DU NIGER (1998) Loi 1998-12 du 1er juin 1998 portant orientation du système éducatif nigérien.

RÉPUBLIQUE DU NIGER (1999) Arrêté 213-99/MEN/SP-CNRE du 19 Octobre 1999, Alphabet kanouri

RÉPUBLIQUE DU NIGER (2001) Loi 2001-037 du 31 décembre 2001 fixant les modalités de promotion et de développement des langues nationales.

RÉPUBLIQUE DU NIGER (2010) Constitution de la VIIe République du 25 novembre 2010 (articles 5 et 43). Journal officiel de la République du Niger.

TUCKER, A. N. & BRYAN, M. A. (1966) Linguistic Analyses: the Non-Bantu Languages of North-Eastern Africa, Oxford University Press.

WARD, IDA C. (1926) Some Notes on the Pronunciation of the Kanuri Language of West Africa. Bulletin of the School of Oriental and African Studies, 4, pp 139-146.

Vers l'informatisation de quelques langues d'Afrique de l'Ouest

Chantal Enguehard[1] *Soumana Kané*[2] *Mathieu Mangeot*[3] *Issouf Modi*[4] *Mamadou Lamine Sanogo*[5]
(1) LINA2, rue de la Houssinière, BP 92208, 44322 Nantes Cedex 03, France
(2) CNR-ENF, BP 62, Bamako, Mali
(3) LIG,BP 53 38041 Grenoble, France
(4) MEN/A/PLN/DGPLN/DREL, BP 557, Niamey, Niger
(5) CNRST, BP 7047 Ouagadougou 03, Burkina Faso
chantal.enguehard@univ-nantes.fr, soumanak@yahoo.com, Mathieu.Mangeot@imag.fr, modyissouf@yahoo.fr, mala_sng@yahoo.fr

RÉSUMÉ

Le projet DILAF vise à établir une méthodologie de conversion de dictionnaires éditoriaux en des fichiers XML au format (Lexical Markup Framework) et à l'appliquer sur cinq dictionnaires. Nous présentons les motivations de ce projet puis les dictionnaires concernés ainsi que les alphabets des langues de ces dictionnaires. Il s'agit de dictionnaires bilingues langue africaine-français : haoussa-français, kanouri-français, soŋay zarma-français, tamajaq-français et bambara-français. La présentation de la plateforme jibiki de manipulation des ressources lexicales est suivie de l'exposé des travaux menés en collaboration avec les linguistes, informaticiens et lexicographes participant au projet. La cinquième partie établit un bilan quant à la représentation des caractères des différentes langues dans Unicode et détaille le cas particulier des caractères tifinagh. Les travaux futurs sont ensuite évoqués.

ABSTRACT

The DILAF project aims to establish a methodology to convert of editorial dictionaries into XML files expressed according with rhe LMF (Lexical Markup Framework) format and to apply tis mothodology on five dictionaries. We present the motivation of this project, then the concerned dictionaries and the alphabets of the languages of these dictionaries. These are bilingual dictionaries Africanlanguage-French: Hausa-French, Kanuri-French, Soŋay Zarma-French, Tamajaq-French and Bambara-French. The jibiki platform is presented, then we detail the adavances of the project thanks to the collaboration of linguists, computer scientists, and lexicographers. The fifth part establishes a balance concerning the Unicode representation of the characters of the different languages and details the particular case of the tifinagh characters.

MOTS-CLÉS : LMF, TALN, dictionnaires, langues africaines, Unicode

KEYWORDS : LMF, NLP, dictionnaries, African languages, Unicode

1 Motivation

Si l'accès aux ordinateurs est considéré comme le principal indicateur de la fracture numérique en Afrique, il faut reconnaître que la faible disponibilité des ressources dans les langues africaines constitue un handicap dont les conséquences sont incalculables pour le développement des Technologies de l'Information et de la Communication (TIC) dans cette partie du monde. Aussi, la production, la diffusion et la vulgarisation de ressources locales adaptées dans ces langues nous paraissent-elles être indiquées pour une implantation durable des TIC sur le continent. Or, la plupart des langues de l'espace francophone d'Afrique de l'Ouest sont peu dotées (langues-pi) (Berment, 2004) : les ressources électroniques disponibles sont rares, mal distribuées, voire inexistantes. Seules sont accessibles les fonctions d'édition et d'impression rendant l'exploitation de ces langues difficile au moment où il est question de les introduire dans le système éducatif, de créer des normes d'écriture standardisées et stabilisées et surtout de développer leur usage à l'écrit dans l'administration et la vie quotidienne.

Aussi, afin de contribuer à combler ce retard, nous – collègues du Sud et du Nord – nous sommes engagés à améliorer l'équipement de quelques langues africaines à travers, entre autres, l'informatisation de dictionnaires éditoriaux portant sur des langues africaines. A cet effet, nous présenterons le projet DiLAF (Dictionnaires Langues Africaines Français) qui vise à convertir des dictionnaires éditoriaux bilingues en un format XML1[1] permettant leur pérennisation et leur partage (Streiter et al., 2006). Ce projet international rassemble des partenaires du Burkina Faso (Centre National de la Recherche Scientifique et Technologique), de France (Laboratoire d'Informatique de Grenoble et Laboratoire d'informatique de Nantes-Atlantique), du Mali (Centre National de Ressources de l'Éducation Non Formelle) et du Niger (Institut National de Documentation de Recherche et d'Animation Pédagogiques, Ministère de l'Education Nationale, et Université Abdou Moumouni de Niamey).

En nous fondant sur un travail de base déjà effectué par des lexicographes nous avons constitué des équipes pluridisciplinaires constituées de linguistes, d'informaticiens et de pédagogues. Cinq dictionnaires comportant, chacun, plusieurs milliers d'entrées, devraient être convertis et intégrés à une plate-forme Jibiki de gestion de ressources lexicales (Mangeot, 2001). Les dictionnaires seront donc disponibles sur Internet d'ici la fin de l'année 2012 sous licence Creative Commons.
— dictionnaire bambara-français, Charles Bailleul, édition 1996,
— dictionnaire haoussa-français destiné à l'enseignement du cycle de base 1, 2008, Soutéba,
— dictionnaire kanouri-français destiné pour le cycle de base 1, 2004, Soutéba,
— dictionnaire soŋay zarma-français destiné pour le cycle de base 1, 2007, Soutéba,
— dictionnaire tamajaq-français destiné à l'enseignement du cycle de base 1, 2007, Soutéba.

Il s'agit de dictionnaires d'usage qui visent surtout à vulgariser les formes écrites de l'usage quotidien des langues africaines dans la pure tradition lexicographique (Matoré, 1973), (Eluerd, 2000). Se démarquant des démarches normatives et dirigistes des dictionnaires normatifs (Mortureux, 1997), les présents dictionnaires descriptifs restent ouverts aux contributions et leur mise en ligne devra, nous l'espérons, développer un sentiment de fierté chez les usagers des différentes langues. De même, ils participeront au développement d'un environnement lettré propice à l'alphabétisation dont le faible taux compromet les acquis des progrès réalisés dans les autres secteurs.

Nous présenterons l'origine et la structure de ces dictionnaires ainsi que quelques

[1] Extended Markup Language.

entrées, puis les résultats de l'atelier de démarrage qui s'est déroulé du 6 au 17 décembre 2010 à Niamey (Niger). Ensuite nous détaillons les constats réalisées quant à la prise en compte de ces langues par le standard Unicode et par les logiciels que nous avoins utilisés. Enfin nous évoquons les futurs travaux.

2 Cinq dictionnaires bilingues langue africaine-français

Quatre des cinq dictionnaires sur lesquels nous travaillons ont été produits par le projet Soutéba (programme de soutien à l'éducation de base) avec le financement de la coopération allemande1[2] et l'appui de l'Union Européenne. Ces dictionnaires, destinés à l'éducation de base, sont de structure simple car ils ont été conçus pour des enfants de classe primaire scolarisés en école bilingue (l'enseignement y est donné en une langue nationale et en français). La plupart des termes de lexicologie, telles les étiquettes lexicales ou les catégories grammaticales, les signalisations de synonymies, d'antonymies, de genres, de variations dialectales, etc., y sont notés dans la langue dont il est question dans le dictionnaire, contribuant ainsi à forger et à diffuser un méta-langage dans la langue locale ainsi qu'une terminologie spécialisée. Les entrées sont énoncées en ordre alphabétique, même dans le cas du tamajaq (bien qu'il soit habituel de présenter les entrées de cette langue en fonction des racines) car les voyelles sont explicitement écrites (ce mode de classement a été privilégié car il est bien connu des enfants).

2.1 Dictionnaire haoussa-français

Il comprend 7823 entrées classées selon l'ordre lexicographique suivant : a b ɓ c d ɗ e f fy g gw gy h i j k kw ky ƙ ƙw ƙy l m n o p r s sh t ts u w y ƴ z (Arrêté, 212-99).

Elles sont structurées avec des schémas différents selon la catégorie grammaticale. Toutes les entrées sont d'ordre orthographique ; suivent la prononciation (les tons sont marqués par les signes diacritiques posés sur les voyelles) et la catégorie grammaticale. Sur le plan sémantique, il existe une définition en langue haoussa, un exemple d'emploi (repéré par l'usage de l'italique), puis l'équivalent en français. L'entrée d'un nom précise en sus le genre, le féminin s'il existe, le ou les pluriels (selon les genres) et les éventuelles variantes dialectales. Pour les verbes, il est parfois nécessaire de préciser les degrés pour calculer les dérivés morphologiques. Les variantes morpho-phonologiques des dérivations féminine et plurielle des adjectifs sont énoncées.

Exemple :

jaki [jàakíi] *s.* **babbar dabbar gida mai kamar doki, wadda ba ta kai tsawon doki ba amma ta fi shi dogayen kunnuwa.** ***Ya aza wa jaki kaya za ya tafi kasuwa.*** *Jin.:* n. *Sg.:* **jaka**. *Jam.:* **jakai, jakuna**. *Far.:* âne

Le mot "jaki" se prononce [jàakíi]. Sa catégorie grammaticale est "s.", abbréviation de "suna" qui signifie nom.

Sa définition est : "babbar dabbar gida mai kamar doki, wadda ba ta kai tsawon doki ba amma ta fi shi dogayen kunnuwa."

Un exemple d'usage est signalé en caractères italique : "Ya aza wa jaki kaya za ya tafi

[2] DED : Deutscher Entwicklungsdienst.

kasuwa."

"Jin.", abréviation de "jinsi" (genre) précède ici "n.", abréviation de "namiji" (masculin).

Plusieurs variations morphologiques sont signalées. La forme féminine "jaka" suit l'abréviationg.", les formes plurielles "jakai" et "jakuna" sont signalées par "Jam.", abbabréviation "jam'i" (pluriel). L'équivalent en français, signalé par "Far." ("faransanci"), clôt l'entrée.

2.2 Dictionnaire kanouri-français

Le dictionnaire kanouri-français comprend 5994 entrées classées selon l'ordre lexicographique suivant : a b c d e ə f g h i j k l m n ny o p r ɍ s sh t u w y z (Arrêté, 213-99).

La forme orthographique de l'entrée est suivie d'indications de prononciation ciblées sur la notation des tons : le ton haut est noté par un accent aigu, le ton bas par un accent grave, le ton montant par un caron (signe suggérant la succession d'un accent grave et d'un accent aigu) et le ton descendant par un accent circonflexe (signe suggérant la succession d'un aigu et d'un accent grave). La catégorie grammaticale de l'entrée est indiquée en italique. Une définition, un exemple d'usage puis le sens en français sont ensuite énoncés. D'autres informations peuvent apparaître comme des variantes.

Exemple :

abəɍwa [àbə̀ɍwà] *cu.* **Kəska təngəɍi, kalu ngəwua dawulan tada cakkidə.** ***Kəryende kannua nangaro, abəɍwa cakkiwawo.*** [*Fa.:* ananas]

Le mot "abəɍwa" se prononce [àbə̀ɍwà]. Sa catégorie grammaticale est "cu." (nom).

Sa définition est écrite en caractères gras : "Kəska təngəɍi, kalu ngəwua dawulan tada cakkidə."

Un exemple d'usage est signalé en caractères italique : "Kəryende kannua nangaro, abəɍwa cakkiwawo."

L'équivalent en français, précédé de "Fa.:" et encadré de crochets, termine l'entrée.

2.3 Dictionnaire soŋay zarma-français

Il comprend 6916 entrées classées selon l'ordre lexicographique suivant : a ã b c d e ẽ f g h i ĩ j k l m n ŋ ɲ o õ p r s t u ũ w y z (Arrêté, 215-99).

Chaque entrée présente une forme orthographique suivie d'une transcription phonétique dans laquelle les tons sont notés selon les conventions déjà exposées pour le kanouri (partie 1.2). La catégorie grammaticale précise explicitement, pour les verbes, la transitivité ou l'intransitivité. Pour certaines entrées, des antonymes, synonymes ou renvois sont indiqués. Une glose en français, une définition et un exemple terminent l'entrée.

Exemple :

ɲagas [ɲágás] *mteeb.* • *brusquement (détaler)* • sanniize no kaŋ ga cabe kaŋ boro na zuray sambu nda gaabi sahã-din • *Za zankey di hansu-kaaro no i te ɲagas*

Le mot "ɲagas" se prononce [ɲágás]. Sa catégorie grammaticale est "mteeb." (adverbe).

L'équivalent en français est signalé en caractères italiques.

Sa définition est : "sanniize no kaŋ ga cabe kaŋ boro na zuray sambu nda gaabi sahã-din"

Un exemple d'usage est énoncé en caractères italiques : "Za zankey di hansu-kaaro no i te ɲagas"

2.4 Dictionnaire tamajaq-français

Le dictionnaire tamajaq-français comprend 5205 entrées du parler təwəlləmmət classées selon l'ordre lexicographique suivant : a ă ə b c d ḍ e f g ğ h i j ǰ ɣ k l ḷ m n ŋ o q r s ṣ š t ṭ u w x y z ẓ (Arrêté, 214-99)[3]. Les voyelles longues sont notées par un accent circonflexe : â, ê, û; ô, î.

La forme orthographique de l'entrée est suivie de la catégorie grammaticale de l'entrée et d'une glose en français indiquées en italique. Pour les noms figurent souvent des indications morphologiques concernant l'état d'annexion ; le pluriel et le genre sont souvent explicitement indiqués. Une définition, un exemple d'usage sont ensuite énoncés. D'autres informations peuvent apparaître comme des variantes, des synonymes, etc.. Le tamajaq n'étant pas une langue tonale, la phonétique n'apparaît pas.

Exemple :

əbeɣla *sn. mulet* ♦ **Ag-anɣer əd tabagawt. Ibeɣlan wər tăn-tăha tămalăɣa.** *anammelu.:* **făkr-ejăḍ.** *təmust.:* **yy.** *iget.:* **ibəɣlan.**

Le mot "əbeɣla" est un "sn.", abbréviation de "isən" (nom) qui signifie mulet en français.

Sa définition "Ag-anɣer əd tabagawt." et un exemple d'usage "Ibeɣlan wər tăn-tăha tămalăɣa." sont écrits en caractères gras.

Un synonyme (anammelu) est signalé : "făkr-ejăḍ".

Le genre (təmust) est "yy.", abréviation de "yey" (masculin).

Le pluriel de ce mot (iget) est "ibəɣlan".

2.5 Dictionnaire bambara-français

Le dictionnaire bambara-français du Père Charles Bailleul (édition 1996) comprend plus de 10 000 entrées ordonnées selon l'ordre lexicographique suivant : a b c d e ɛ f g h i j k l m n ɲ ŋ o ɔ p r s t u w y z.

Ce dictionnaire est d'abord destiné aux locuteurs français désireux de se perfectionner en bambara mais il constitue également une ressource pour les bambaraphones. Selon les dires de l'auteur lui-même, il « se veut être un outil de travail au service de l'alphabétisation, l'enseignement et la culture bambara ». A ce jour, il peut être considéré comme le dictionnaire le plus fourni et le plus complet sur cette langue. Aussi il est

[3] Les signes 'ǰ' et ' ğ' sont utilisés uniquement pour transcrire certains parlers comme celui de l'Ayər, par conséquent ils n'apparaissent pas dans ce dictionnaire.

consulté par les spécialiste des autres variétés de cette langue que sont le dioula (Burkina Faso, Côte d'Ivoire) et le manlinké (Guinée, Gambie, Sierra Leone, Libéria, etc.).

Bien que l'orthographe du bambara ne note pas les tons, et ce par économie de signes, les tons sont marquées dans toutes les entrées et tous les exemples d'usage : l'accent grave sur une voyelle brève marque un ton bas ponctuel ("bìnɔ̀gɔ̀kɛ" – "oncle paternel") ; l'accent grave sur une voyelle répétée l'affecte sur toute sa longueur ("dɛ̀ɛmu" – "parole" – se prononce dɛ̀ɛ̀mu); l'accent grave suivi d'un accent aigu marque une voyelle longue relevée sur sa deuxième partie (ex : "ɲàá" – "nid)" ; le caron marque un ton bas modulé ascendant (ex : "bĕn" – "accord").

La prononciation phonétique n'est précisée que lorsque l'orthographe officielle s'écarte de la prononciation effective. Dans de tels cas, elle figure entre crochets. Par exemple, pour l'entrée « da.lan [dlan] (...) n. lit » l'indication phonétique [dlan] indique que "dalan" n'est jamais prononcé complètement, c'est-à-dire en deux syllabes.

Les entrées, surtout complexes, sont accompagnées de leur origine et de leur structure, car il s'agit d'informations nécessaires pour une bonne traduction. Ainsi, pour les dérivés et composés, l'analyse des éléments est indiquée entre parenthèses et la frontière sémantique suggérée par un point, comme dans l'entrée suivante : « ɲɛmɔgɔ ɲɛ.mɔgɔ (devant.personne) dirigeant, chef. [...] » Cette présentation de l'entrée indique que, morphologiquement, "ɲɛmɔgɔ" se compose de "ɲɛ" et de "mɔgɔ" (ce qui est indiqué par le point) et que, sémantiquement, dans l'ordre, il signifie "devant" et "personne" (ce qui est indiqué par les parenthèses et le point), le sens de tout le composé se ramenant à dirigeant, c'est-à-dire une personne placée devant, à la tête de... (traduction privilégiée indiquée par le soulignement).

On peut ainsi multiplier les exemples :

« kalanso kàlàn.so (instruction.maison) classe d'école » : mot composé de "kalan" et "so", respectivement "instruction" et "maison", signifie "classe d'école".

« mɔgɔdun mɔgɔ.dun (personne.manger) cannibale, anthropophage » : mot composé de "mɔgɔ" et "dun", respectivement "personne" et "manger", signifie "cannibale".

« juguya jugu.ya (mauvais.suff abst) méchanceté » : mot dérivé ("jugu" et "-ya", respectivement "mauvais" et suffixe d'abstraction), signifie "méchanceté".

« walanba walan.ba (tablette.suff augm) tableau noir » : mot dérivé ("walan" et "-ba", respectivement "tablette" et suffixe augmentatif), signifie "tableau noir".

Il est important de signaler que la dérivation et la composition étant des procédés très productifs en bambara, les cas retenus pour figurer dans le dictionnaire ont été choisis en fonction de leur fréquence d'emploi et de leur variation de sens par rapport à leur formation.

L'origine des emprunts est indiquée entre accolades : {fr} pour le français, et {ar} pour l'arabe.

Exemples : « kaso kàso {fr: cachot} n. Prison » ; « ala ala {ar: allah=Dieu} »

Enfin, ce dictionnaire accorde quelque place aux néologismes proposés par les services d'alphabétisation. Il s'agit notamment de « ceux qui sont les plus utilisés ou semblent promis à un bel avenir ». Ils sont signalés par l'indication (néologisme).

Exemples : « kumaden kuma.den (parole.élément) mot (néologisme) » ; « kɔbila kɔ.bila (derrière.placer) postposition (néologisme) »

3 Plate-forme jibiki

Jibiki (Mangeot et al., 2003; Mangeot et al., 2006) est une plate-forme générique en ligne pour manipuler des ressources lexicales avec gestion d'utilisateurs et groupes, consultation de ressources hétérogènes et édition générique d'articles de dictionnaires. Ce site Web communautaire a initialement été développé pour le projet Papillon (http://www.papillon-dictionary.org). La plate-forme est programmée entièrement en Java, fondée sur l'environnement "Enhydra". Toutes les données sont stockées au format XML dans une base de données (Postgres). Ce site Web propose principalement deux services : une interface unifiée permettant d'accéder simultanément à de nombreuses ressources hétérogènes (dictionnaires monolingues, dictionnaires bilingues, bases multilingues, etc.) et une interface d'édition spécifique pour contribuer directement aux dictionnaires disponibles sur la plate-forme.

L'éditeur (Mangeot et al., 2004) est fondé sur un modèle d'interface HTML instancié avec l'article à éditer. Le modèle peut être généré automatiquement depuis une description de la structure de l'entrée à l'aide d'un schéma XML. Il peut être modifié ensuite pour améliorer le rendu à l'écran. La seule information nécessaire à l'édition d'un article de dictionnaire est donc le schéma XML représentant la structure de cette entrée. Par conséquent, il est possible d'éditer n'importe quel type de dictionnaire s'il est encodé en XML.

Plusieurs projets de construction de ressources lexicales ont utilisé ou utilisent toujours cette plate-forme avec succès. C'est le cas par exemple du projet GDEF (Chalvin et al., 2006) de dictionnaire bilingue estonien-français (http://estfra.ee), du projet LexALP de terminologie multilingue sur la convention alpine (http://lexalp.eurac.edu/) ou plus récemment du projet MotÀMot sur les langues d'Asie du sud-est. Le code de cette plate-forme est disponible gratuitement en source ouverte en téléchargement depuis la forge du laboratoire LIG (http://jibiki.ligforge.imag.fr).

La plate-forme sera adaptée spécifiquement au projet DiLAF car, en sus des dictionnaires, des informations spécifiques au projet doivent être accessibles aux visiteurs :

— présentation du projet et des partenaires ;

— méthodologie générale de conversion des dictionnaires éditoriaux au format LMF (Lexical Markup Framework) (Francopoulo et al., 2006) ;

— fiches techniques concernant différents outils ou tâches à réaliser : tutoriel sur les expressions régulières, méthodologie de conversion d'un document utilisant des polices non conformes au standard Unicode vers un document conforme au standard Unicode, liste des logiciels utilisés (il s'agit uniquement de logiciels libres), méthodologie de suivi du projet ;

— présentation de chaque dictionnaire : genèse, auteurs initiaux, principes ayant régi la construction du dictionnaire, langue, alphabet, structuration des articles, etc. ;

— dictionnaire au format LMF.

Il est également envisagé de localiser la plate-forme pour chacune des langues du projet en traduisant les libellés de l'interface.

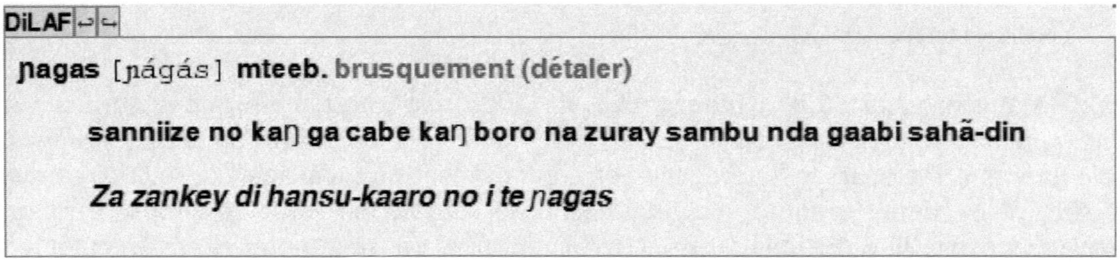

FIGURE 1 – Présentation du verbe zarma "ɲagas" sur la plate-forme jibiki

4 Travaux du premier atelier du projet DiLAF

Les participants à cet atelier sont majoritairement des linguistes ou des pédagogues, chacun travaillant sur un dictionnaire traitant de sa langue maternelle (qui est également la langue sur laquelle portent ses activités professionnelles). Les formateurs sont des enseignants-chercheurs en informatique spécialisés en traitement automatique des langues (TAL). L'objectif de ce premier atelier est de délivrer une formation à la conversion des dictionnaires tels qu'ils existent dans leur format éditorial, vers une structure XML reflétant au mieux la structure initiale des entrées tout en conservant l'ensemble des informations qui y sont exprimées. Plusieurs étapes ont été suivies pour atteindre cet objectif et garder la trace des différents traitements, chacune de ces étapes étant assortie d'un document remis aux participants.

4.1 Formation aux expressions régulières

Les participants ont été formés à l'usage des expressions régulières pendant trois jours et ont pu exercer directement leurs nouvelles connaissances par l'usage du logiciel Open Office Writer.

4.2 Conversion à Unicode

Bien que les alphabets des langues sur lesquelles nous avons travaillé soient majoritairement d'origine latine, de nouveaux caractères nécessaires pour noter des sons spécifiques à certaines langues[4] à l'aide d'un seul caractère[5] ont été adoptés par les linguistes lors d'une série de réunions[6]. La première, en septembre 1978, organisée par l'UNESCO au CELTHO (Centre d'études linguistiques et historiques par tradition orale) à Niamey crée l'« Alphabet africain de référence » fondé sur les conventions de l'IPA

[4] L'absence d'un seul signe marquant certains sons avait amené les linguistes africains à exprimer ces sons à l'aide combinaisons de lettres. Par exemple, en zarma le digraphe /ny/ note le son n palatal. C'est aussi ce qui est réalisé en français avec le son [ʃ] retranscrit /ch/.

[5] En zarma, la lettre ɲ remplace le digraphe /ny/. Ainsi, le mot autrefois écrit « nya » (mère) devient « ɲa ».

[6] Niamey (novembre 1978), Abidjan (décembre 1980), Bamako (juin 1981), Nouakchott (novembre 1981), Ouagadougou (juin 1982).

(International Phonetic Association) et de l'IAI (International African Institute). Ainsi, chacun des alphabets que nous avons précédemment présentés comprend au moins un de ces "nouveaux" caractères : ɓ ɗ ə ɛ ɣ ƙ ɲ ŋ ɔ ƴ. Des caractères composés d'un caractère latin et d'un signe diacritique ont également été créés : â ê î ô û ă ã ẽ ĩ õ ũ ḍ ḷ ṣ ṭ ẓ ğ ǰ š ɍ.

Comme nombre de ces caractères étaient absents des dispositifs de saisie et des standards alors en usage (Enguehard, 2009), des touches de frappe de machines à écrire, des glyphes de polices d'ordinateurs ont été modifiées. Bien que la plupart de ces caractères soient depuis plusieurs années présents dans le standard Unicode (issu des travaux du comité ISO 10646 (Haralambous, 2004)), les dictionnaires dont nous disposons ont été rédigés en utilisant les anciennes polices arrangées.

Une méthodologie a été définie afin de repérer et remplacer les caractères inadéquats par les caractères définis dans le standard Unicode. Suivre cette méthodologie implique que l'ensemble des caractères repérés et leurs caractères de remplacement soient notés dans un fichier afin de pouvoir réitérer facilement cette opération si cela s'avérait nécessaire.

Ce travail est terminé et a permis de dresser la liste des caractères encore absents d'Unicode ou dont la manipulation peut poser des problèmes avec certains logiciels (voir partie 4).

4.3 Méthodologie de conversion à XML

Les fichiers électroniques des dictionnaires respectant le standard Unicode ont été convertis en fichier Open Office. Ces fichiers sont en réalité des fichiers XML compressés, les balises exprimant principalement des informations relatives à la mise en forme (usage de caractères gras ou italiques, de couleur, etc.). Il s'agit donc de passer d'un format XML dédié à l'expression de la forme vers un format XML porteur d'informations sur la structure du dictionnaire : vedette, phonétique, exemple, synonymes, etc.

Cette transformation a été partiellement ou totalement réalisée à l'aide d'expressions régulières.

5 Bilan quant à Unicode

Certains caractères des alphabets sur lesquels nous avons travaillé nécessitent d'apparaître dans le standard Unicode ou d'être mieux pris en compte par les logiciels existants.

5.1 Ordre lexicographique des digraphes

Les digraphes peuvent être facilement composés à l'aide de deux caractères mais leur usage modifie l'ordre du tri lexicographique qui conditionne la présentation des entrées du dictionnaire. Ainsi, en haoussa et en kanouri, le digraphe 'sh' est situé après la lettre 's'. Donc le verbe "sha" (boire) est situé après le mot "suya" (frite) dans le dictionnaire haoussa, et le verbe"suwuttu" (dénouer) précède le nom "shadda" (basin) en kanouri.

Ces subtilités peuvent être difficilement traitées au niveau logiciel et nécessiterait que les digraphes apparaissent en tant que signe dans le répertoire Unicode. Certains, utilisés par d'autres langues, y figurent déjà, parfois sous leur différentes casses : 'DZ' (U+01F1),

'Dz' (U+01F2), 'dz' (U+01F3) sont utilisés en slovaque ; 'NJ' (U+01CA), 'Nj' (U+01CB), 'nj' (U+01CC) en croate et pour transcrire la lettre « Њ » de l'alphabet cyrillique en serbe ; etc.

Il serait nécessaire de compléter le standard Unicode avec les digraphes des alphabets kanouri et haoussa sous leurs différentes casses.

fy	gw	gy	ky	kw	ƙy	ƙw	sh	ts
Fy	Gw	Gy	Ky	Kw	Ky	Kw	Sh	Ts
FY	GW	GY	KY	KW	KY	KW	SH	TS

TABLE 1 – Digraphes du haoussa et du kanouri absents de Unicode

5.2 Caractères avec signes diacritiques

Certains des caractères potant des signes diacritiques figurent dans une Unicode comme un unique signe, d'autres ne peuvent être obtenus que par composition.

Ainsi, les voyelles 'a', 'i', 'o' et 'u' avec tilde figurent dans Unicode sous leurs formes minuscule et majuscule1[7] tandis que le 'e' avec tilde est absent et doit être composé à l'aide du caractère 'e' ou 'E' suivi de l'accent tilde (U+303), ce qui peut provoquer des rendus différents des autres lettres avec tilde lors de l'affichage ou de l'impression (tilde situé à une hauteur différente par exemple).

La lettre j avec caron existe dans Unicode en tant que signe ǰ (U+1F0), mais sa forme majuscule doit être composée ǰ avec la lettre J et le signe caron (U+30C).

Les caractères ẽ, Ẽ et J̌ devraient être ajoutés au standard Unicode.

5.3 Editeurs de texte : fonctions changement de casse, affichage et rechercher

Les éditeurs de texte disposent généralement de la fonction changement de casse, mais ne la réalisent pas toujours de manière correcte selon les caractères. Ainsi, nous avons constaté durant nos travaux que le logiciel OpenOffice Writer (version 3.2.1) échoue dans la transformation de 'ɍ' en 'Ɍ' du bas de casse vers le haut de casse ou pour l'inverse (le caractère reste inchangé) tandis que Notepad++ (version 5.8.6) échoue dans la transformation de ǰ en J̌ du bas de casse vers le haut de casse ou pour l'inverse (le caractère reste inchangé).

Plusieurs caractères avec diacritiques peuvent être directement saisis comme un seul signe (quand celui-ci existe dans Unicode) ou être explicitement composés. Selon les logiciels, les différentes versions d'un même caractère avec diacritiques peuvent être traités de manière égale ou différente. Par exemple, le caractère 'ã', a avec tilde, peut être saisi directement comme tel (U+00E3) ou écrit comme une combinaison (U+0061 U+0303). L'affichage à l'écran avec OpenOffice Writer (version 3.2.1) est équivalent,

[7] 'ã' (U+00E3) 'ĩ '(U+0129), 'õ' (U+00F5), 'ũ' (U+O169), 'Ã' (U+00C3), 'Ĩ' (U+0128), 'Õ' (U+00D5) et 'Ũ' (U+0168).

mais la fonction rechercher appliquée à l'un de ces caractères ne permet pas de trouver l'autre ; le logiciel Notepad+ + (version 5.8.6) ne permet pas d'afficher correctement les versions combinées des caractères à l'écran. La fonction rechercher ne permet pas non plus de retrouver toutes les occurrences d'un même caractère.

5.4 Caractères tifinagh

Nous complétons cet état des lieux des caractères dans Unicode par un exposé de la situation des caractères tifinagh au Niger, alphabet traditionnel des touaregs tamajaqophones.

Le tamajaq fait partie des langues berbères répartis autour du Sahara et dans le nord de l'Afrique (groupe chamito-sémitique) :

— au Maroc : tarifit au nord, tamazight au centre (Moyen Atlas), tashelḥiyt au sud et au sud-ouest (Haut et Anti-Atlas)

— en Algérie : taqbaylit au nord (Grande et Petite Kabylie), zénatya au sud (Mzab et Ourgla) chaouïa à l'est (Aurès), tahaggart des touaregs sahariens du Hoggar.

— au Mali : tamajaq de l'Adrar

— au Niger : tamajaq au nord (Aïr), au centre (vallée de l'Azawagh) et à l'ouest (le long du fleuve Niger).

Il existe également de petites communautés berbères en Mauritanie, en Tunisie ou encore en Libye (Aghali-Zakara, 1996).

Suite à une proposition marocco-franco-canadienne (Andries, 2004) des caractères tifinagh ont été introduits au sein du répertoire Unicode (Unicode, 2005), mais il apparaît qu'ils ne sont complètement adaptés à la population touarègue nigérienne utilisatrice d'alphabets tifinagh de manière traditionnelle. Au Niger, coexistent principalement deux alphabets traditionnels correspondant aux zones géographiques de l'Aïr et de l'Azawagh. Ces alphabets transcrivent 21 consonnes et la voyelle 'a' et diffèrent en ce qui concerne trois signes (Modi, 2007). De plus, ils se distinguent de l'alphabet officielle à base latinisée (voir 1.4) par l'absence de notation des consonnes emphatiques.

Valeur phonétique	Aïr	Azawagh
ɣ	⁙	⋮
q	⋮	∷
x	⋮	⋯

TABLE 2 – Caractères divergents entre l'Aïr et l'Azawagh

De décembre 2001 à mars 2002, les caractères tifinagh ont été rénovés au Niger par un comité de linguistes spécialistes du tamajaq1[8] (Elghamis, 2003). Cet alphabet fait la

[8] Ce comité était piloté :

– à Paris par Mohamed Aghali-Zakara ;

– à Agadez par Ghoubeïd Alojaly, assisté de Emoud Salekh, Ahmed Amessalamine, Ahmed Moussa Nounou, Mohamed Adendo, Alhour Ag Analoug, Abda Annour, Aghali Mohamed Zodi, Moussa Ag Elekou ;

– à Niamey par Ramada Elghamis, avec Aghali Zennou, Ibrahim Illiasso, et Adam Amarzak.

synthèse des caractères de l'Aïr et de l'Azawagh[9] avec l'alphabet à base latine en usage pour la transcription (voir 1.4). Les linguistes ont effectué des choix là où il y avait des divergences entre les tifinaghs de l'Aïr et de l'Azawagh et fait des propositions pour la notation des voyelles ; les consonnes 'v' et 'p', utiles pour noter les emprunts, ont été ajoutées ; les signes notant les consonnes emphatiques 'ḍ', 'ḷ', 'ṣ', 'ṭ', 'ẓ' ont été construits en ajoutant un point sous le signe tifinagh correspondant (ⴹ̣, ⵍ̣, ⵙ̣, ⵜ̣, ⵣ̣) et les voyelles portant un signe diacritique 'â', 'ă', 'î', 'ô', 'û' ont été construites selon le même principe (•̂, •̆, <̂, ⵢ̂, --̂, ʺ̂).

Il apparaît que l'apprentissage traditionnel de cette écriture au sein des villages facilite l'acquisition du système officiel lors de l'entrée à l'école. Par ailleurs, il existe des publications (journaux, livres) utilisant cet alphabet.

Certains caractères de cet alphabet sont absents de l'alphabet tifinagh du standard Unicode (Unicode, 2005), ou bien ont des interprétations différentes.

Caractères latins	Tifinagh APT	Unicode	Caractères latins	Tifinagh APT	Unicode
a	•	U+2D30	ŋ	ⵐ	U+2D50
ə	ↄ	—	n	ⵏ	U+2D4F
b	ⵀ	2D40	o	--	—
c	T	—	p	˥	—
d	ⴹ	U+2D39	q	ⵗ	U+2D57
e	<	—	r	ⵔ	U+2D54
f	ⴼ	U+2D3C	s	ⵙ	U+2D59
g	ⴶ	U+2D36	t	ⵜ	U+2D5C
h	ⵂ	U+2D42	u	ʺ	—
i	ⵢ	U+2D62	v	ϒ	—
j	ⵌ	U+2D4C	w	=	—
k	ⴾ	U+2D3E	x	ⵆ	U+2D46
l	ⵍ	U+2D4D	y	ⵉ	U+2D49
m	ⵎ	U+2D4E	z	ⵣ	U+2D63

Table 3 – Caractères tifinagh APT (sans signe diacritique) et Unicode

Ce recensement fait apparaître l'absence de huit caractères dans le standard Unicode.

6 Futurs travaux

Les futurs travaux du projet DiLAF porteront dans un premier temps sur la correction des erreurs relevées dans les dictionnaires, et l'ajout d'entrées manquantes relatives aux mots désignés par les liens de synonymie, d'antonymie, etc.

la seconde étape consiste en un enrichissement des dictionnaires afin d'être en mesure de

[9] Le signes 'ǰ' en est absent.

calculer toutes les formes fléchies des noms et adjectifs et toutes les conjugaisons des verbes.

Dans la mesure du possible une troisième étape de traduction des exemples et définitions vers une ou plusieurs autres langues sera définie afin de constituer des corpus plurilingues.

7 Conclusion

Le projet DiLAF établit une méthodologie de conversion de dictionnaire éditoriaux vers des formats XML. Il s'agit de créer et rendre disponibles de nouvelles ressources aux chercheurs en TAL, d'une part et de d'équiper les langues africaines de ressources numériques nouvelles et indispensable à leur promotion, d'autre part.

La publication de ces ressources sur Internet permettra aux locuteurs de ces langues de disposer, souvent pour la première fois, d'informations linguistiquement fiables quant à l'orthographe, au lexique ou vocabulaire et à l'usage des mots de leur langue.

La tenue de ce premier atelier a permis de rassembler une dizaine de linguistes de trois pays ainsi que deux informaticiens. Les travaux menés ensemble ont fait émerger la richesse de la collaboration entre disciplines complémentaires et entre pays voisins. Les transferts de connaissance ont été riches, tant en ce qui concerne les outils techniques que sur des sujets de fond en linguistique. Les formations communes, les réalisations de chacun et les discussions ont fait émerger une synergie d'action entre les pays concernés.

8 Remerciements

Nous remercions spécialement M. Moukeïla Sanda, à l'initiative de ce projet, Mme Rabi Bozari, directrice de l'Institut National de Documentation, de Recherche et d'Animation Pédagogiques, Mme Rakiatou Rabé, M. Maï Moussa Maï et Mahamou Raji Adamou, linguistes, sans qui ce projet ne pourrait être mené à bien.

Le projet DiLAF[10] est financé par le Fonds Francophone des Inforoutes de l'Organisation Internationale de la Francophonie.

9 Références

Aghali-Zakara, M. (1996).Eléments de morpho-syntaxe touarègue. CRB / GETIC.

République du Niger. (1999). Alphabet haoussa, arrêté 212-99.

République du Niger. (1999). Alphabet kanouri, arrêté 213-99.

République du Niger. (1999). Alphabet tamajaq, arrêté 214-99.

République du Niger. (1999). Alphabet zarma, arrêté 215-99.

Andries, P. (2004). Proposition d'ajout de l'écriture tifinaghe. *Organisation internationale de normalisation.* Jeu universel des caractères codés sur octets (JUC). ISO/IEC JTC 1/SC 2 WG 2 N2739.

[10] http://www.inforoutes.francophonie.org/projets/projet.cfm?der_id=262

BERMENT, V. Méthodes pour informatiser des langues et des groupes de langues peu dotées. Ph.D. thesis, Université Joseph Fourier, 2004.

CHALVIN, A. et MANGEOT, M. (2006). Méthodes et outils pour la lexicographie bilingue en ligne : le cas du Grand Dictionnaire Estonien-Français. *Actes d'EURALEX 2006*, Turin, Italie, 6-9 septembre 2006, 6 pages

Elghamis, R. (2003). Guide de lecture et d'écriture en tifinagh vocalisées. *APT*, Agadez, Niger, janvier.

ELUERD, R. (2000). La Lexicologie. Paris, PUF, Que sais-je ?

ENGUEHARD, C. (2009). Les langues d'Afrique de l'Ouest : de l'imprimante au traitement automatique des langues, *Sciences et Techniques du Langage*, 6, pages 29-50, p.29-50,. (ISSN 0850-3923).

FRANCOPOULO F., GEORGE M., CALZOLARI N., MONACHINI M., BEL N., PET M. et SORIA C. (2006). Lexical Markup Framework (LMF). *LREC 2006 (International Conference on Language Resources and Evaluation)*, Genoa.

HARALAMBOUS, Y. (2004). Fontes & codages, O'Reilly France.

MANGEOT, M. (2001). Environnements centralisés et distribués pour lexicographes et lexicologues en contexte multilingue. Thèse de nouveau doctorat, Spécialité Informatique, Université Joseph Fourier Grenoble I, 280 pages, jeudi 27 septembre.

MANGEOT, M., SÉRASSET, G. et LAFOURCADE, M. (2003). Construction collaborative de données lexicales multilingues, le projet Papillon. *Revue TAL, édition spéciale, Les dictionnaires électroniques : pour les personnes, les machines ou pour les deux ? (Electronic dictionaries: for humans, machines or both?)* Ed. Michael Zock & John Carroll, Vol. 44:2/2003, pages 151-176.

MANGEOT, M., et THEVENIN, D. (2004). Online Generic Editing of Heterogeneous Dictionary Entries in Papillon Project. *Proc. of COLING 2004*, ISSCO, Université de Genève, Switzerland, 23-27 August 2004, vol 2/2, pages 1029-1035.

MANGEOT, M., et CHALVIN, A. (2006). Dictionary Building with the Jibiki Platform: the GDEF case. *Proc. of LREC 2006*, Genoa, Italy, 23-25 May 2006, pages 1666-1669.

MATORÉ, G. (1973). La Méthode en lexicologie. Paris, Didier.

MODI, I. (2007). Les caractères tifinagh dans Unicode. *Actes du colloque international "le libyco-berbère ou le tifinagh : de l'authenticité à l'usage pratique"*, pages 241-254, ed. Haut Commissariat à l'amazighité (HCA), pages 21-22, mars, Alger.

MORTUREUX, M.-F. (1997). La lexicologie entre langue et discours. Paris, SEDES.

STREITER, O. SCANNELL, K. P. et STUFLESSER, M. (2006). Implementing NLP Projects for Non-Central Languages: Instructions for Funding Bodies, Strategies for Developers. *Machine Translation*, vol. 20 n°3, March.

UNICODE (2005). The Unicode Standard 4.1, Tifinagh, range 2D30-2D7F.

La transcription phonétique au bout des doigts, claviers et polices ergonomiques pour la transcription en API

BERNARD GAUTHERON, ANTONIA SIMON-COLAZO
Laboratoire Phonétique et Phonologie, UMR 7018 CNRS- Paris3
19, rue des bernardins 75005 Paris.
b-gautheron@orange.fr simonantonia@hotmail.com

RESUME

Le but est de promouvoir des outils ergonomiques qui facilitent la transcription phonétique manuelle en vue des applications qui en dépendent. C'est le cas de la constitution de corpus pour les langues qui ne disposent pas encore de traitement automatique et pour les utilisations pédagogiques où la transcription phonétique ne doit pas être automatisée puisque l'apprentissage oral d'une langue demande une participation active de l'auditeur. L'utilisation d'un clavier ergonomique et d'une fonte phonétique spécifique API, dédiée à chaque langue, facilite l'accès à tous les signes API nécessaires rendant ainsi la transcription aussi rapide que la frappe orthographique. Les transcriptions orthographiques et phonétiques peuvent être incluses dans des multimédia (vidéo avec sous-titres).Un bref historique de l'Alphabet Phonétique International, rappelle sa difficile utilisation typographique, la réticence des enseignants et des éditeurs et par là son insuccès. Cette démarche promotionnelle tardive est justifiée par l'utilisation d'outils qui sont déjà disponibles dans nos ordinateurs.

ABSTRACT

Phonetic transcription at fingertips, ergonomics keyboards and fonts

The aim is to promote ergonomic tools to facilitate phonetic transcriptions for applications using these transcriptions. For example corpora making for non automatised speech recognition and educational uses in which phonetic automatic transcription cannot be automatised because oral language learning requires the listener's active participation. An ergonomic keyboard and a specific IPA font dedicated to each language make transcription faster as normal typewriting. Text and speech can be transcribed totally and included in multimedia as video subtitles. In the past, the IPA was difficult to use from a typographical point of view, teachers and publishers were thus reluctant to use it, hence its lack of success. Promoting the IPA at this late stage is thus justified by the availability of tools which already exist in our computers.

MOT-CLES: Claviers et polices API, transcription phonétique, langues en danger, perception, compréhension, acquisition d'une seconde langue.

KEYWORDS: Keyboard and IPA fonts, phonetic transcription, languages in danger, perception, comprehension, second language acquisition.

1 L'insuccès relatif de la transcription en API dans l'enseignement des langues

Depuis longtemps les linguistes avaient ressenti le besoin d'un alphabet phonétique international, où chaque caractère obéit à une règle biunivoque : un graphème ne correspond qu'à un seul son et, réciproquement, un son ne correspond qu'à un seul graphème (Palsgrave J. 1531, Dangeau 1694). Avec la création de l'Alphabet Phonétique International en 1886 par Paul Passy, Otto Jesperen et Henri Sweet, les imprimeurs furent confrontés à de nombreuses complications typographiques. On avait créé les caractères typographiques de
l'API en utilisant toutes les ressources des fontes latines, grecques, cyrilliques et mathématiques, mais le comble pour un imprimeur est qu'on devait inverser (gauche droite et haut bas) certains caractères pour satisfaire aux nombreuses exigences phonématiques de l'API.

Le résultat fut scientifiquement parfait, mais graphiquement déconcertant puisque même pour sa propre langue maternelle on ne sait pas lire-et-comprendre cette écriture bouleversée ! A moins de s'y accoutumer, mais comment ? Avec quel livre ou méthode et chez quel éditeur ?

L'évolution des systèmes d'écriture s'est faite au cours des siècles et ceux-ci semblent ne jamais être finalisés (Herrenschmidt C. 2007). Dans notre histoire européenne, l'écriture orthographiée commence au moyen âge et exige encore des réformes. L'écriture musicale des chants religieux n'apparaît qu'à la fin du Moyen Âge et ce n'est, qu'au 18ème et 19ème siècle, que le solfège est devenu un système universel de transcription musicale. Comparée au solfège, et particulièrement dans le cas des langues européennes, l'écriture phonétique d'une langue est beaucoup plus simple, puisque la quarantaine de signes nécessaires est en grande partie commune avec les lettres latines.

L'écriture phonétique internationnale n'a qu'un siècle, tous les quatre ans à l'occasion des congrès, l'API évolue en introduisant d'autres graphèmes et phonèmes pour devenir plus complet mais aussi plus complexe (Handbook of the International Phonetic Association 1999). A ce jour il n'y a que très peu de documents disponibles. La revue de l'Association de Phonétique Internationale ("Le Maître Phonétique" 1886-1970), fut entièrement imprimée en caractères phonétiques mais ne fut jamais imitée. Depuis l'extension mondiale de l'imprimerie par Gutenberg, nos cultures européennes sont profondément ancrées dans la documentation écrite. Hier de l'encre sur du papier et maintenant de l'encre virtuelle sur des tablettes (Bonnivard J.P. 1989). Puisque pendant toute notre scolarité nous avons été conditionnés au très rigoureux code orthographique, il nous semble donc tout à fait inutile de lire et de comprendre la moindre ligne de transcription phonétique, a priori illisible, où l'on voit d'étranges consonnes mêlées à des voyelles qui semblent avoir été égarées par la main d'un dyslexique. On comprend alors ce peu d'enthousiasme chez tous les conservateurs et protecteur de l'écrit : écrivains, philosophes, institutions et sociétés savantes, académies, ministères, et bien sûr chez ceux qui impriment, éditent et vendent des ouvrages.

2 Les moyens d'écrire la phonétique

L'édition d'ouvrages contenant des transcriptions phonétiques semble ne concerner qu'un tout petit marché et elle est restée coûteuse jusqu'à aujourd'hui, à la fois pour des raisons techniques et de main-d'œuvre très spécialisée. Cette rareté documentaire, justifiée hier, persiste encore malgré les possibilités de la typographie numérique aujourd'hui accessible à tous.

Dès 1917, Jones, Gimson et Ramasaran ont publié le dictionnaire " Everyman's pronouncing dictionary " avec les transcriptions phonétiques API de l'époque. Il y aura 14 rééditions de 1917 à 1988. Pour les dictionnaires français, la transcription phonétique n'est apparue qu'à partir de 1967 dans les éditions Le Robert. A partir de 1970 quelques phonéticiens ont utilisé l'API avec des machines à écrire à double clavier (l'un pour les caractères phonétiques et l'autre pour les lettres latines, Fig. 1), puis en 1985 avec des machines à écrire à boules (IBM) ou à marguerites, interchangeables au cours de la frappe (API ou Courrier).

Figure 1- "IMPERIAL" Machine à double clavier

Avec les premiers Macintosh et l'utilisation de la souris, les polices IPA (Sil Doulos et autres) sont utilisables pour les travaux des phonéticiens. Elles seront ensuite utilisables sous système Windows. Mais dans tous les cas le picotage des signes API, avec des clics de souris, sur des tableaux de 255 signes, reste laborieux et rebutant. Aussi on s'est limité à la "décoration" phonétique des exemples typologiques des langues et de leurs spectrogrammes. Aujourd'hui, mis à part des articles, des thèses et quelques livres, il n'y a que les dictionnaires qui assurent la diffusion de l'API. A cause de tous ces faits l'API n'aura été pour les linguistes et phonéticiens, qu'un outil précis mais complexe, réservé à la description orale des langues. Par ailleurs l'enseignement de la phonétique est trop souvent délaissé par les enseignants et reste ignorée de leurs élèves. Quelques manuels d'initiation à la phonétique proposent davantage de transcriptions, par exemple: " *Initiation raisonnée à la phonétique de l'anglais* " (Richard L, 1999), qui ne contient cependant que 0,5 % de caractères phonétiques dans le chapitre le plus transcrit. Disposant des commodités actuelles de l'infographie on aurait dû voir apparaître des textes non seulement bilingues mais sous-titrés phonétiquement dans les interlignes, sous les images ou les photos de personnalités étrangères, sur les cartes ou les panneaux des noms de villes.

3 Les besoins d'une documentation multimédia entièrement phonétisée

3.1 Les dictionnaires et encyclopédies

Les dictionnaires (papier ou numérique) sont phonétisés dans la plupart des entrées, avec pour certaines d'entre elles un exemple sonorisé du mot mais de qualité sonore insuffisante. Précisons que la transcription phonétique des entrées ne représente qu'une partie des besoins puisque pour les conjugaisons, déclinaisons, accords, liaisons, élisions et accents la prononciation reste à deviner. L'utilisation de ces transcriptions est destinée à la prononciation académique (Jones D. 1888-1917) ou admise (Receive Prononciation) mais peut aussi servir son corollaire qui est une meilleure perception et compréhension de l'oral (Segui, J. 1993). A part les dictionnaires, on ne dispose pas de textes intégralement transcrits en API et encore moins de documents multimédia phonétisés pour proposer un apprentissage de l'API.

3.2 Les corpus oraux de langues

Il existe aujourd'hui de gros corpus oraux, phonétisés et servant de bases de données pour un grand nombre de langues. Ils sont surtout destinés aux applications de l'ingénierie des langues (ASR et TALN) et de ce fait ont un caractère commercial non accessible à la plupart des linguistes et enseignants. Par ailleurs la plupart des corpus libres constitués pour la sociolinguistique (C-PROM corpus de parole) sont parfois phonétisés en SAMPA mais plus rarement en API (Dister A. 2007) car entre autre raisons les logiciels de transcription utilisés n'ont pas toujours donné un accès aisé aux polices phonétiques (Clan et Elan Transcriber).

3.3 Les méthodes d'apprentissage des langues avec ou sans l'IPA

Très généralement les méthodes proposent d'enseigner l'oral à partir de l'écrit en donnant quelques règles de bases de la prononciation à partir de l'API. Cela se limite, en général, aux deux premières pages: Des tableaux comparatifs des lettres latines et des signes API donnent en exemple des mots où le phonème ciblé est marqué en gras. Pour un apprentissage autonome des langues, on trouve sur Internet beaucoup de sites mais ils sont trop peu phonétisés et les enregistrements n'ont pas toujours la

qualité suffisante pour satisfaire aux premières écoutes d'un débutant. La consultation de mots transcrits en IPA et sonorisés est accessible sur beaucoup de sites (Wiktionnary, Dictionary.com, le Point du FLE) mais ne permettent pas d'apprendre les sons et les signes. En revanche l'application IPA Help (www.sil.org) est efficace et plus pédagogique. Elle offre une écoute des phonèmes isolés ou dans des paires de mots sur des exemples de langues et propose des tests.
Il n'y a donc pas assez de corpus oraux transcrits en API disponibles et, finalement, c'est au concepteur du cours de langue de faire ce travail de pédagogie et de transcription.

4. Les outils actuels disponibles pour la transcription phonétique

4.1 La transcription et l'alignement automatique pour les corpus oraux

Utilisée et souvent réservée aux spécialistes de l'Automatic Speech Recognition. Elle demande de grandes compétences en traitement et reconnaissance du signal ainsi que de gros moyens logiciels. Cette technique n'est donc actuellement pas accessible à tous les phonéticiens et encore moins aux enseignants en langues étrangères.

4.2 Les claviers Sampa pour la transcription phonétique manuelle

A partir des années 1960, les ingénieurs phonéticiens ont eu besoin de transcrire phonétiquement et d'aligner dans l'éditeur de signal les lettres latines du clavier "qwerty" représentant les phonèmes. Ce mode de transcription phonétique spécifique à chaque langue et utilisant les ressources du clavier fut nommé "Sampa". Cet alphabet a phonologiquement les mêmes fonctions que l'API à la différence qu'il n'est pas universel puisqu'une même lettre ne correspondra pas toujours au même son pour différentes langues. Jusqu'aux environ de 1980 ce fut la seule possibilité puisqu'on ne disposait que de quelques polices implantées dans les imprimantes. Aujourd'hui le Sampa est toujours utilisé pour traiter toutes les anciennes bases de données existantes mais aussi par le fait des habitudes prises.

4.3 Autres dispositifs de claviers pour la transcription phonétique

Ces dispositifs de claviers sont installés après téléchargement d'une application. Ensuite l'utilisateur crée les raccourcis qu'il souhaite vers les glyphes de la police Unicode. Ces claviers sont beaucoup plus compliqués à installer et à définir que l'ajout d'une simple police. Parfois il faut utiliser des combinaisons de touches. L'utilisateur doit ajouter les diacritiques après le signe. Ils sont plus difficiles à échanger entre collaborateurs.
Parmi les plus utilisés: The Microsoft Keyboard Layout Creator et Keyman Keyboard proposé par NRSI: Computers & Writing System et la SIL (//scripts.sil.org/UniIPAKeyboard).

5 Proposition de claviers et de polices ergonomiques pour la saisie en API

Pour chaque langue on transforme une police Unicode (Times New Roman.ttf) en déplaçant les glyphes (copier-coller) pour en faire une police spécifique associée à un clavier (azerty, qwerty ou Mac). On peut le qualifier d'ergonomique puisqu'on aura choisi les touches API en respectant au mieux les habitudes dactylographiques et orthographiques du transcripteur.
FontCreator de HighLogic (www.highlogic.com) convient parfaitement pour cette modification des glyphes attribués aux touches du clavier. A titre d'exemple voici la représentation de la police FRENCH API.ttf donnée par le clavier visuel de Windows.

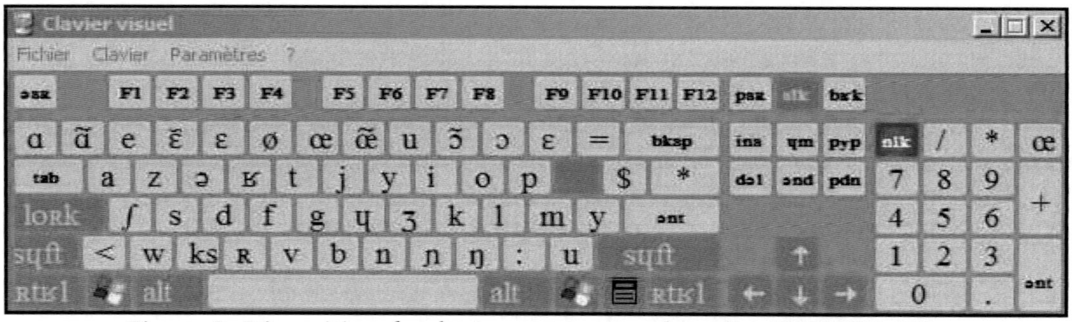

Figure 2- Disposition du clavier azerty pour la police FRENCH API

On peut constater que la plupart des signes et des sons de l'API ont conservé l'emplacement des lettres latines. Les autres graphèmes sont placés en contigüité avec les sons qui ont des connivences de sonorité ou de graphisme. Par exemple les voyelles nasales (avec le tilde) sont disponibles au-dessus et à gauche des voyelles sur la ligne des caractères accentués. On constate aussi que les règles phonographiques des lettres latines correspondent à celles des caractères API. Par exemple les lettres latines /é y u j e x/afficheront [e j y ʒ ks]. En quelque sorte on peut utiliser ce clavier comme si c'était celui d'une machine à écrire normale qui prononcerait la lettre frappée. Et même, régressant vers l'âge de l'apprentissage de la lecture, écrivons phonétiquement avec les lettres latines du clavier qui à l'écran s'affichent en API.
Pour le français l'apprentissage de tous les signes nécessaires n'est pas laborieux, puisqu'en réalité, sur les 38 graphèmes nécessaires, 19 sont déjà connus en tant que lettres latines et tous ont les mêmes sons qu'en API. Pour le français, on doit donc apprendre la correspondance des sons pour 19 caractères, nouveaux ou d'aspect un peu différent. Plusieurs caractères ont de telles similitudes graphiques qu'on peut rapidement les mémoriser [ɑ ɑ̃ e ɛ œ u j ʁ].
En fait les graphèmes vraiment nouveaux se réduisent à 9 : [ə ɛ̃ ø ɔ ʃ ɥ ʒ ɲ ŋ]. Pour un français qui passera ensuite à l'anglo-américain il ne devra apprendre que 13 nouveaux signes et sons [ɑ: ɜ: ɝ ɜ: ɛ θ ʊ ɔ: ɪ a ɭ ɫ ʔ ˈ].
Dans leurs principes et leurs formats, les polices API.ttf de type Unicode ne diffèrent en rien des polices adaptées aux langues et aux claviers des différent pays. Elles sont donc compatibles avec tous les systèmes d'exploitation qui utilisent les polices

TrueType ainsi que pour leurs applications. Pour créer des documents pédagogiques phonétisés, on peut donc utiliser ces polices "Open" dans les suites bureautiques (Office, Latex, Open Office) et y associer des fichiers sons par un lien hypertexte vers un lecteur multimédia. Mêmes compatibilités pour les logiciels de transcription ELAN CLAN et PHON, les analyseurs acoustiques (Praat, WinPitch, Audacity), les logiciels d'imagerie et de vidéo mais aussi et surtout pour les éditeurs de sous-titrage de films et vidéos. L'application SubTitlesWorkshop (http://www.urusoft.net) est gratuite et très ludique pour une application pédagogique d'écoute active et de transcription en API (voir en annexe fig 3 un exemple de sous-titrage vidéo pour "Ali Baba et les 40 voleurs).

6 Les applications possibles utilisant une transcription API intégrale

6.1 Corpus pour la sociolinguistique et les langues rares en danger

Pour ces types de corpus la transcription automatique n'est ni disponible, ni applicable et doit être faite à l'oreille et manuellement. Ceci peut apparaitre long et fastidieux mais représente l'avantage de bien écouter la prosodie et les qualités vocales et de les décrire en utilisant à son choix, les possibilités de la typographie (gras, italique, souligné, couleurs etc.) pour représenter les variations d'énergie, de hauteur de durée ou de qualité de voix. (Voir en annexe, l'exemple fig. n°4 "Discours sur le colonialisme" d'Aimé Césaire).

6.2 Sous-titrages phonétiques pour faciliter l'apprentissage de la lecture

La lecture et l'écriture de l'API sont indispensables pour avoir une autonomie dans l'apprentissage oral d'une langue étrangère. La réciproque est vraie, la pratique de l'API peut aider à l'apprentissage de l'écrit, comme dans le cas de l'apprentissage de la lecture par les enfants ou par les étrangers qui ne connaissent que la version orale de la langue. En effet, si l'on a la connaissance orale de la langue et de la lecture de l'API (une seule règle, pas d'ambiguïtés), l'oralisation de la transcription phonétique conduit à entendre le sens (compréhension de type auditif) puis à l'identification visuelle du mot orthographié, placé au-dessus de l'API (compréhension de type visuel).

Cette béquille phonétique pourrait ainsi suppléer en partie à l'absence pédagogique des parents et soulager l'enfant bloqué sur un mot indéchiffrable. Une expérience pédagogique comparable, toujours en cours, est faite avec "l'alfonic" (notation phonologique utilisant les lettres latines) pour communiquer par écrit, avant de passer à l'apprentissage de la lecture (Martinet A 1980).

7 Conclusion

La demande actuelle de gros corpus pour les langues orales peu dotées est importante mais ne peut être satisfaite dans un premier temps que par la transcription phonétique manuelle. Celle-ci serait déjà beaucoup moins couteuse en temps si le principal outil de saisie, à savoir le clavier et sa police API dédiée à la langue, est

ergonomique, c'est-à-dire adapté aux habitudes dactylographique du transcripteur. On pourrait alors disposer de deux outils complémentaires:
- La transcription manuelle pour les langues rares ou pour les petits corpus pédagogiques. Dans ce cas l'utilisation d'un clavier ergonomique et de sa police dédiée à la langue est souhaitable voire indispensable pour diminuer le temps passé en saisie ou en correction. Précisons aussi que, le choix des caractères API et l'attribution des touches étant décidés, le travail de transformation d'une police.ttf en API.ttf ne demande environ qu'une demi-heure avec FontCreator.
- L'utilisation de ce même clavier pour les éventuelles corrections d'une transcription automatique à partir du texte pour les langues qui disposent déjà d'un dictionnaire de transcription phonétique.
Matériellement la quantité de documentation pédagogique nécessaire pour donner une autonomie dans l'apprentissage oral des langues reste à évaluer, néanmoins elle existe chez ceux qui sont conscients de leurs difficultés de compréhension et de prononciation. Pour cela il serait donc utile de créer un grand choix de documents multimédia attrayants ayant des thèmes et des niveaux de difficultés variés. Ce matériel pédagogique pourrait aussi être utilisé dans le cadre de l'alphabétisation pour donner plus d'autonomie aux apprenants. Pour augmenter cette documentation nous souhaitons que les communautés linguistiques procèdent librement à des échanges de textes ou de multimédia sous-titrés phonétiquement.

Références: Quelques repères dans l'histoire des écritures.

ASSOCIATION PHONETIQUE INTERNATIONALE: Le Maître Phonétique, Revue fondée par Paul Passy et éditée de1904 à 1970. Organe de l'Association Phonétique Internationale London, 1886-1970.
BONNIVARD J.P. (1989) : Entre l'oral, l'écrit et les écrans médiatiques publicitaires : l'écran textuel? quaderni, Volume n°8, pp. 77-86, Persée, Université Lumière-Lyon 2.
DANGEAU de Courcillon Louis de (1694): Le Nouvel Alphabet François, dans “ Essais de grammaire ” Véritable Alphabet phonologique de l'époque. Essais de grammaire (1694), repris dans Opuscules sur la langue françoise. Bernard Bunet imprimeur. Paris (1754), (en ligne sur google.fr).
DISTER A. et SIMON A. C. La transcription synchronisée des corpus oraux.
Un aller-retour entre théorie, méthodologie et traitement informatisé.
Centre de recherche VALIBEL – UCLouvain.
GAUTHERON Bernard (2009): Sous-titrages phonétiquement corrects, Méthode d'écoute avec support d'écriture phonétique. Journées d'études "De la perception à la compréhension d'une langue étrangère. (In Hors série, p 67 à 81) Ranam MISHA Université de Strasbourg 2011.
HANDBOOK of the INTERNATIONAL PHONETIC ASSOCIATION (1999). Cambridge University, Cambridge.
HERRENSCHMIDT Clarisse. (2007) : Les trois écritures, NRF Gallimard, Paris.
JONES D., GIMSON A.C., RAMASARAN S. (14 éditions de 1888 à 1917): Everyman's pronouncing dictionary, (avec transcriptions phonétiques), J.M. Dent & Sons Ltd, London.

LILY R. et VIEL M. (1999) : Initiation raisonnée à la phonétique de l'anglais, Hachette, Paris.
MARTINET André (1980): Dictionnaire de l'orthographe/alfonic/ SELAF, 201 pages. Peeters-France, Paris.
PALSGRAVE JEAN (1531) :L'éclaircissement de la langue française, suivi par GILLES de GUEZ, An Introductorie for to lerne, to rede and to speke frenche truly. Publié par GENIN. F. Imprimerie nationale, Paris, (1852).Première méthode de français oral avec liste de vocabulaire. De Guez fut le professeur de français de Marie d'Angleterre, fille d'Henry VII.
SEGUI, Juan (1993). Surdité phonologique et perception du langage in *Revue de neuropsychologie,* 3 4 : 397-406.

Sites internet (consultés en avril 2012)
C-PROM corpus libres de parole //sites.google.com/site/corpusprom/home
Alfonic"Je parle donc j'écris"//www.liegedemain.be/projets/projets_jeparledoncjecris.html

Dictionnaires avec transcription IPA et sonorisation des mots
Wiktionnaire de Wikipedia //fr.wiktionary.org (donne la transcription IPA).
Dictionary.com //dictionary.reference.com (donne la transcription IPA).

Exemple de site "e-learning "
//linguaspectrum.com/podcasts/podcast.php?id=14 // www.lepointdufle.net

Claviers et polices Computers & Writing Systems //scripts.sil.org/UniIPAKeyboard
Ipa Help//www.sil.org/computing/ipahelp/ipahelp_download.htm

Polices ergonomiques.ttf disponibles auprès des auteurs: Français, anglais, espagnol, dialecte italien des Pouilles, farsi, baule, diula, bete, senufo et français parlé en Côte d'Ivoire.

ANNEXES

Texte	Traduction
kwaa:	Quoi?
mentén&& parlç "p(dela p'tit'	Maintenant parlons un peu de la petite
kel p"tit'	Quelle petite?
é la n_vel' sel k' v_ tr_vé k' se peyé tro qer	Hé! la nouvelle, celle que vous trouvez que c'est payé trop cher
j' v_ la raqet ... t'né	Je vous la rachète. Tenez!
vwasi vàtr arj&&	Voici votre argent.
s"k.	Cinq.
dis.	Dix.
k"z.	Quinze.
k"z pyes' dor d' di pyastr' qakun	15 pièces d'or de dix piastres chacune.
d_vy" set arj&& .. di	D'où vient cet argent dis?
laqé mwa "	Lâchez-moi!
aléalé laqé mwa "	Allez allez lâchez moi!
shi riq mwa	Je suis riche moi.

Figure 3-Ali Baba et les 40 voleurs, sous-titré phonétiquement avec SubtitlesWorkshop.

Discours sur le colonialisme d'Aimé Césaire (1955) dit par Antoine Vitez
diskuʁ syʁ lə kolonjalism dɛme sezɔʁ 1955 di paʁ ɑ̃twan vitɛz

Code prosodique proposé sur la ligne API:
En gras mot accentué, souligné mot allongé, **gras souligné** mot accentué et allongé, /pause, //pause finale. Vitez 1.mp3 (lien vers le fichier son)

Une civilisation qui s'avère incapable de résoudre les problèmes que suscite son
yn sivilizatjɔ̃ ki savɛʁ ɛ̃kapabl də ʁezudʁ lɛ pʁɔbləm kə sysit sɔ̃

fonctionnement est une civilisation décadente.
fɔ̃ksjɔnəmɑ̃ ɛ tyn sivilzasjɔ̃ **dekadɑ̃t**.

Une civilisation qui choisit de fermer les yeux à ses problèmes les plus cruciaux
yn sivilizasjɔ̃ ki ʃwazi də fɛʁme lɛ zjø a sɛ pʁoblɛm lɛ ply kʁysjo

est une civilisation atteinte.
ɛ tyn sivilzasjɔ̃ **atɛ̃t**//

Une civilisation qui ruse avec ses principes est une civilisation moribonde.
yn sivilizasjɔ̃ ki **ʁyz** avək sɛ pʁɛ̃sip ɛ tyn sivilzasjɔ̃ **moʁibɔ̃d**//

Le fait est que la civilisation dite « européenne », la civilisation « occidentale »,
lə fɛ tə /kə / la sivilizasjɔ̃ dit /**øʁɔpeən**/ la sivilizasjɔ̃ **ɔksidɑ̃tal**

telle que l'ont façonnée deux siècles de régime bourgeois, est incapable de résoudre
tɛl kə lɔ̃ fasɔne dø sjɛkl də ʁeʒim buʁʒwa/ ɛ **tɛ̃kapabl** də ʁezudʁ

les deux problèmes majeurs auxquels son existence a donné naissance:
lɛ dø pʁɔbləm **maʒəʁ** okɛl sɔ̃ nekzistɑ̃s a dɔne nɛsɑ̃s/

le problème du prolétariat et le problème colonial ; que, déférée à la barre de la raison
lə pʁɔblɛm dy **pʁoletaʁia** / e lə pʁɔblɛm kolonial // **kə**/ defeʁe a la baʁ də la **ʁɛzɔ̃**

comme à la barre de la « conscience », cette Europe-là est impuissante à se justifier;
kɔm a l a baʁ də la kɔ̃sjɑ̃s sɛt **øʁɔpla** ɛ tɛ̃pɥisɑ̃t a sə ʒystifie

et que, de plus en plus, elle se réfugie dans une hypocrisie d'autant plus odieuse qu'elle a de
e **kə**/ də ply zɑ̃plys ɛl sə ʁefyʒi dɑ̃ yn ipokʁizi dotɑ̃ ply zodjøz kɛl a də

moins en moins de chance de tromper.
mwɛ̃ zɑ̃ mwɛ̃ də ʃɑ̃s/ də tʁɔ̃pe.

Figure 4- Extrait du "Discours sur le colonialisme" d'Aimé Césaire dit par A.Vitez

Analyse des performances de modèles de langage sub-lexicale pour des langues peu-dotées à morphologie riche

Hadrien Gelas[1, 2] Solomon Teferra Abate[2]
Laurent Besacier[2] François Pellegrino[1]
(1) Laboratoire Dynamique Du Langage, CNRS - Université de Lyon, France
(2) Laboratoire Informatique de Grenoble, CNRS - Université Joseph Fourier Grenoble 1, France
{hadrien.gelas, francois.pellegrino}@univ-lyon2.fr
{solomon.abate, laurent.besacier@imag.fr}

RÉSUMÉ

Ce papier étudie l'impact de l'utilisation d'unités sous-lexicales sur les performances d'un système de RAP pour deux langues africaines peu-dotées et morphologiquement riches (l'amharique et le swahili). Deux types de sous-unités sous-lexicales sont considerés : la syllabe et le morphème, ce dernier étant obtenu de manière supervisée ou non-supervisée. La reconstruction en mots à partir de sorties de RAP en syllabes ou morphèmes est aussi prise en compte. Pour les deux langues, les meilleurs résultats sont obtenus avec les morphèmes non-supervisés. Le taux d'erreur de mots est grandement réduit pour la reconnaissance de l'amharique dont les données d'entrainement du LM sont très faibles (2,3M de mots). Les scores pour la RAP du swahili sont aussi améliorés (28M de mots pour l'entrainement). Il est ausi présenté une analyse détaillée de la reconstruction des mots hors vocabulaires, un pourcentage important de ceux-ci (jusqu'à 75% pour l'amharique) sont retrouvés à l'aide de modèles de langage à base de morphèmes et la méthode de reconstruction appropriée.

ABSTRACT

Performance analysis of sub-word language modeling for under-resourced languages with rich morphology : case study on Swahili and Amharic

This paper investigates the impact on ASR performance of sub-word units for two under-resourced african languages with rich morphology (Amharic and Swahili). Two subword units are considered : syllable and morpheme, the latter being obtained in a supervised or unsupervised way. The important issue of word reconstruction from the syllable (or morpheme) ASR output is also discussed. For both languages, best results are reached with morphemes got from unsupervised approach. It leads to very significant WER reduction for Amharic ASR for which LM training data is very small (2.3M words) and it also slightly reduces WER over a Word-LM baseline for Swahili ASR (28M words for LM training). A detailed analysis of the OOV word reconstruction is also presented ; it is shown that a high percentage (up to 75% for Amharic) of OOV words can be recovered with morph-based language model and appropriate reconstruction method.

MOTS-CLÉS : Modèle de langage, Morphème, Hors vocabulaire, Langues peu-dotées.

KEYWORDS: Language model, Morpheme, Out-of-Vocabulary , Under-resourced languages.

1 Introduction

Due to world's globalisation and answering the necessity of bridging the numerical gap with the developing world, speech technology for under-resourced languages is a challenging issue. Applications and usability of such tools in developing countries are proved to be numerous and are highlighted for information access in Sub-Saharan Africa (Barnard *et al.*, 2010a,b), agricultural information in rural India (Patel *et al.*, 2010), or health information access by community health workers in Pakistan (Kumar *et al.*, 2011).

In order to provide a totally unsupervised and language independent methodology to develop an automatic speech recognition (ASR) system, some particular language characteristics should be taken into account. Such specific features as tones ((Lei *et al.*, 2006) on Mandarin Chinese) or writing systems without explicit word boundaries ((Seng *et al.*, 2008) on Khmer) need a specific methodology adaptation. This is especially true when dealing with under-resourced languages, where only few data are available.

During recent years, many studies tried to deal with morphologically rich languages (whether they are agglutinative, inflecting and compounding languages) in NLP (Sarikaya *et al.*, 2009). Such a morphology results in data sparsity and in a degraded lexical coverage with a similar lexicon size than state-of-the-art speech recognition setup (as one for English). It yields high Out-of-Vocabulary (OOV) rates and degrades Word-Error rate (WER) as each OOV words will not be recognized but can also affect their surrounding words and strongly increase WER.

When the corpus size is limited, a common approach to overcome the limited lexical coverage is to segment words in sub-word units (morphemes or syllables). Segmentation in morphemes can be obtained in a supervised or unsupervised manner. Supervised approaches were mainly used through morphological analysers built on carefully annotated corpora requiring important language-specific knowledge (as in (Arısoy *et al.*, 2009)). Unsupervised approaches are language-independent and do not require any linguistic-knowledge. In (Kurimo *et al.*, 2006), several unsupervised algorithms have been compared, including their own public method called Morfessor ((Creutz et Lagus, 2005)) for two ASR tasks in Turkish and Finnish (see also (Hirsimaki *et al.*, 2009) for a recent review of morh-based approaches). The other sub-word type that is also utilized for reducing high OOV rate is the syllable. Segmentation is mainly rule-based and was used in (Shaik *et al.*, 2011b) and (Shaik *et al.*, 2011a), even if outperformed in WER by ASR morpheme-based recognition for Polish and German.

In this work, we investigate those different methodologies and see how to apply them for two different speech recognition tasks : read speech ASR in Amharic and broadcast speech transcription in Swahili. These tasks represents two different profiles of under-resourced languages cases. Amharic with an acoustic model (AM) trained on 20h of read-speech but limited text data (2.3M) and on the opposite, Swahili with a weaker acoustic model (12h of broadcast news from internet mixing genre and quality) but a more robust LM (28M words of web-mining news, still without any adaptation to spoken broadcast news). If such study on sub-unit has already been conducted on Amharic (Pellegrini et Lamel, 2009), no prior work are known to us for Swahili. But, the main goal of this study is to better understand what does really impact performance of ASR using sub-word unit through a comparison of different methodologies. Both supervised and unsupervised segmentation strategies are explored as well as different approaches to tag segmentation.

The next section describes the target languages and the available corpora. Then, we introduce several segmentation approaches in section 3. Section 4 presents the analysis of experimental results for Swahili and Amharic while section 5 concludes this work.

2 Experiment description

2.1 Languages

Amharic is a Ethio-Semitic language from the Semitic branch of the Afroasiatic super family. It is related to Hebrew, Arabic, and Syrian. According to the 1998 census, it is spoken by over 17 million people as a first language and by over 5 million as a second language throughout Ethiopia. Amharic is also spoken in other countries such as Egypt, Israel and the United States. It has its own writing system which is syllabary. It exhibits non-concatenative, inflectional and derivational morphology. Like other Semitic languages such as Arabic, Amharic exhibits a root-pattern morphological phenomenon. Case, number, definiteness, and gender-marking affixes inflect nouns. Some adverbs can be derived from adjectives but adverbs are not inflected. Nouns are derived from other basic nouns, adjectives, stems, roots, and the infinitive form of a verb is obtained by affixation and intercalation.

Swahili is a Bantu language often used as a vehicular language in a wide area of East Africa. It is not only the national language of Kenya and Tanzania but it is also spoken in different parts of Democratic Republic of Congo, Mozambique, Somalia, Uganda, Rwanda and Burundi. Most estimations give over 50 million speakers (with only less than 5 million native speakers). It has many typical Bantu features, such as noun class and agreement systems and complex verbal morphology. Structurally, it is often considered as an agglutinative language (Marten, 2006).

2.2 Speech corpora description

Both Amharic and a small part of Swahili training audio corpora were collected following the same protocol. Texts were extracted from news websites and segmented by sentence. Native speakers were recorded using a self-paced reading interface (with possible rerecordings). The Amharic speech corpus (Abate *et al.*, 2005) consists of 20 hours of training speech collected from 100 speakers who read a total of 10,850 sentences. Swahili corpus corresponds to 2 hours and a half read by 5 speakers (3 male and 2 female) along with almost 10 hours of web-mining broadcast news representing various types of recording quality (noisy speech, telephone speech, studio speech) and speakers. They were transcribed using a collaborative transcription process based on the use of automatic pre-transcriptions to increase productivity gains (See details in (Gelas *et al.*, 2012)). Test corpora are made of 1.5 hours (758 sentences) of read speech for Amharic and 2 hours (1,997 sentences) of broadcast news for Swahili.

2.3 Text corpora description

We built all statistical N-gram language model (LM) using the SRI [1] language model toolkit. Swahili text corpus is made of data collected from 12 news websites (over 28M words). To generate a pronunciation dictionary, we extracted the 65k most frequent words from the text corpus and automatically created pronunciations taking benefit of the regularity of the grapheme to phoneme conversion in Swahili. The same methodology and options have been applied to all sub-words LM. For Amharic, we have used the data (2.3M words text) described in (Tachbelie *et al.*, 2010).

3 Segmenting text data

3.1 Unsupervised morphemic segmentation

For the unsupervised word segmentation, we used a publicly available tool called Morfessor [2]. Its data-driven approach learns a sub-word lexicon from a training corpus of words by using a Minimum Description Length (MDL) algorithm (Creutz et Lagus, 2005). It has been used with default options and without any adaptation.

3.2 Supervised morphemic and syllabic segmentation

For Amharic, we used the manually-segmented text described in (Tachbelie *et al.*, 2011a) to train an FSM-based segmenter (a composition of morpheme transducer and 12gram consonant vowel syllable-based language model) using the AT&T FSM Library (FiniteState Machine Library) and GRM Library (Grammar Library)(Mohri *et al.*, 1998). The trained segmenter with the language model is applied to segment the whole text mentioned in (Tachbelie *et al.*, 2010).

The supervised decomposition for Swahili is performed with the public Part-Of-Speech tagger named TreeTagger [3]. It is using the parameters available for Swahili to extract sub-word units.

As for as syllable segmentation is concerned, we designed rule-based algorithms following structural and phonological restrictions of the respective languages.

3.3 Segmentation tagging and vocabulary size

While working on sub-word unit, one should think on how to incorporate the segmentation information. Morphological information can be included within factored LM as in (Tachbelie *et al.*, 2011b) or directly as a full unit in the n-gram LM itself. By choosing the latter, the ASR decoder output is a sequence of sub-word units and an additional step is needed to recover

1. www.speech.sri.com/projects/srilm/
2. The unit obtained with Morfessor is referred here as morpheme even if it do not automatically corresponds to the linguistic definition of morpheme (the smallest semantically meaningful unit)
3. www.ims.uni-stuttgart.de/projekte/corplex/TreeTagger/DecisionTree
Tagger.html

words from sub-units. In (Diehl *et al.*, 2011), a n-gram SMT-based morpheme-to-word conversion approach is proposed.

In this work, we evaluate how the recognition performance is affected by different ways of tagging the segmentation information straightly in the training text. In (Arısoy *et al.*, 2009), it is noticed that this aspect need to be considered as it impacts WER. In (Guijarrubia *et al.*, 2009), a similar methodology is applied without reading any conclusion since a too small and easy recognition task was performed.

Three distinct types of tagging are evaluated here :

- UNIT_AFX : A morpheme boundary (MB) is added on left and/or right side of segmentation leaving the (so-called with Morfessor) root alone. To rebuild up to words, we reconnect every units containing MB to the one next to it.
  (ex. `kiMB tabu` → `kitabu`)
- UNIT_ALL : A MB tag is added on each side of segmentation, in other words, we add to the lexicon the information to distinguish roots from their context (we can get up to four different entries for a same root : ROOT, MBROOT, ROOTMB, MBROOTMB). To rebuild, we reconnect every time two MB appearing consecutively.
  (ex. `kiMB MBtabu` → `kitabu`)
- UNIT_POS : For syllables, we add to the unit the position of the syllable in the word.
  (ex. `1ki 2ta 3bu` → `kitabu`)

In table 1, it is shown that each choice has an influence on the size of the full text vocabulary and thus on the lexical coverage of the 65k lexicon. As expected from a language with rich morphology, the word baseline 65k lexicon shows a dramatically low lexical coverage (13.95%). For the same text information, syllables logically reduce the size of vocabulary and got a full theoretical lexical coverage without reaching the 65k limits, but with the cost of really short length unit. Concerning both morpheme segmentation types, as expected the supervised approach leads to a larger number of units than the unsupervised statistical approach, the latter leads to a better theoretical lexical coverage. The average token length do not reduce much compared to word unit as most frequent words are already short mono-morphemic grammatical words. The influence of different tagging techniques is also shown on the same table. Detailed comments on WER will be given in 4.2.

LM	FullVoc (%)	65k Cov. (%)	Token length	WER (%)
Word	100	13.95	5.5	35.7
Syl_Pos (V=27k)	5.79	100	2.0	51.7
Treetag_All	79.38	17.57	4.4	44.7
Treetag_Afx	78.61	17.74	4.4	43.3
Morf_All	45.24	30.83	5.3	**34.8**
Morf_Afx	38.07	36.64	5.3	35.4

TABLE 1 – *Swahili - Size of full text corpus vocabulary in comparison with a word level baseline (FullVoc) ; lexical coverage of a 65k lexicon on the full vocabulary (65k Cov.) ; average token length in character for the text corpus ; word error rate depending on the choice of unit and segmentation tag (WER), all systems using 3gram LM and 65k lexicon except when specified*

4 Results

4.1 ASR system description

We used SphinxTrain [4] toolkit from Sphinx project for building Hidden Markov Models (HMM) based acoustic models (AMs) for Swahili. With the speech training database described in 2.2, we trained a context-dependent model with 3,000 tied states. The acoustic models have 36 and 40 phones for Swahili and Amharic, respectively. We used the HDecode decoder of the HTK for Amharic. The Amharic acoustic model is more precisely described in (Tachbelie *et al.*, 2010).

4.2 Analysis of Sub-word units performance for Swahili

Comparing all results for Swahili broadcast speech transcription task (table 1), Morfessor based segmentation ASR system is the only one, with 34.8% WER, performing significantly better than the 35.7% word baseline. As in (Arısoy *et al.*, 2009) and (Hirsimaki *et al.*, 2006), segmentation based on a morphological analyser reaches lower results (43.3% WER) than words and unsupervised based segmentation. Finally, rule-based syllabic system have the worst performance with 51.7% WER. Those scores in table 1 gives a good indication on how to choose the most performing unit. It seems that one need to balance and optimise two distinct criteria : n-gram length coverage and lexical coverage.

The importance of n-gram length coverage can be seen with poor performance of too short units, like syllables in this work. A syllable trigram (average 6.0 character-long) is approximately equivalent to a word unigram in Swahili (average 5.5 character-long), thus such a short trigram length is directly impacting ASR system performance even if lexical coverage is maximized (100%). The importance to use higher order n-gram LM when dealing with short units is also shown in (Hirsimaki *et al.*, 2009). However, if a lattice rescoring framework is often used, it is difficult to recover enough information if the first trigram pass do not perform well enough. It is then recommended to directly implement the higher order n-gram LM in the decoder.

In the same time, a larger lexical coverage (lex.cov.), allows better performance if not used with too short units as shows the difference of performance between word-based LM (13.95% lex.cov. and 35.7% WER) and Morfessor-based LM (30.83% lex.cov. and 34.8% WER), both having similar average token lengths.

Concerning the different tagging techniques, they have an impact on WER. The better choice seems to be influenced by the lexical coverage. When lexical coverage is good enough (Morfessor-based system), one can get advantage of having more different and precise contexts (tag on all units, separating roots alone and roots with affixes in the vocabulary and on n-gram estimations), whereas for low lexical coverage (TreeTagger-based system), having more various words is better (tag only on affixes, regrouping all same roots together allowing more distinct units in the lexicon).

4. cmusphinx.sourceforge.net/

4.3 Sub-word units performance for Amharic

For the read speech recognition task for Amharic, only the best performing systems are presented in table 2. Similar trend is found concerning the tagging techniques (better systems are tagged ALL for Morfessor and tagged AFX for FSM) and by the fact that Morfessor system outperforms the others. Even if the unit length in Morfessor is 40% shorter than average word length, it gets important benefits from a 100% lexical coverage of the training corpus. However, for this task, the supervised segmentation (FSM) has better results than word baseline system. It can be explained by a slightly increased lexical coverage and still a reasonable token length. Through this task, we also considered several vocabulary sizes. Results show that WER greatly benefits from sub-units in smaller lexicon tasks. Finally, as for Amharic sub-word units being notably shorter than word units, we rescored output lattices from the trigram LM system with a 5gram LM. It leads to an absolute WER decrease of 2.0% for Morfessor.

	65k Cov.	Token	Word Error Rate (%)		
LM	(%)	length	5K	20K	65K
Word_3g	30.79	8.3	52.4	29.6	15.9
FSM_Afx_3g	45.13	6.3	39.3	20.8	12.2
FSM_Afx_5g	45.13	6.3	39.1	20.3	11.4
Morf_All-3g	100	4.9	36.7	14.8	9.9
Morf_All-5g	100	4.9	34.9	12.6	**7.9**

TABLE 2 – *Amharic - Lexical coverage of a 65k lexicon on the full vocabulary (65k Cov.) ; average token length in the whole text corpus ; word error rate depending on the choice of unit, segmentation tag and vocabulary size*

4.4 OOV benefits of using sub-word units

Making good use of sub-word units for ASR has been proved efficient in many research to recognize OOV words over baseline word LMs (as in (Shaik *et al.*, 2011a)). Table 3 presents the different OOV rates considering both token and type for each LM (OOV morphemes for Morfessor-based LM). We also present the proportion of correctly recognized words (COOV) which were OOVs in the word baseline LM. Results show important OOV rate reduction and correctly recognised OOV rate for both languages (Morfessor-based outputs). For Amharic, the difference of COOV rate between each lexicon is correlated with the possible OOVs each system can recognized.

Swahili obtain less benefits for COOV. It can be explained by the specificity of the broadcast news task, leading to important OOV entity names or proper names (the 65k Morfessor-based lexicon is still having 11.36% of OOV types). But if we consider only the OOVs that can possibly be recognized (i.e. only those which are not also OOVs in the Morfessor-based lexicon), 36.04% of them are rebuilt. Due to decoder limitations we restrained this study to a 65k lexicon, but for a Swahili 200k word vocabulary we get a type OOV rate of 12.46% and still 10.28% with a full vocab (400k). Those numbers are really close to those obtained with the 65k Morfessor lexicon and could only be reached with the cost of more computational power and less robust LM. In the

LM	OOV (%) Token	OOV (%) Type	COOV (%)
Amharic			
Word-5k	35.21	57.14	-
Word-20k	19.48	32.18	-
Word-65k	9.06	14.99	-
Morf_All-5k	13.67	40.58	33.76
Morf_All-20k	2.50	7.88	66.95
Morf_All-65k	0.12	2.81	**75.30**
Swahili			
Word-65k	5.73	19.17	-
Morf_All-65k	3.67	11.36	8.77

TABLE 3 – *Amharic and Swahili - Token and type OOV rate in test reference transcriptions depending on LM (OOV morphemes for Morfessor-based LM) ; correctly recognised baseline OOV words rate in ASR outputs (COOV)*

same time, growing Morfessor lexicon to 200k would be more advantageous as it reduces the type OOV rate to 1.61%.

While using sub-word system outputs rebuilt to word level reduces OOV words, in contrary, it can also generate non words by ungrammatical or non-sense concatenation. We checked the 5029 words generated by the best Amharic Morfessor output to see if they exist in the full training text vocabulary. It appears that only 37 are non-words (33 after manual validation). Among those 33, there were 26 isolated affixes and 7 illegal concatenations, all due to poor acoustic estimation from the system. Considering this small amount of non-words and with no possibility to retrieve good ones in lattices, we did not process to constraint illegal concatenation as in (Arısoy et Saraçlar, 2009).

5 Conclusion

We investigated the use of sub-word units in n-gram language modeling through different methodologies. The best results are obtained using unsupervised segmentation with Morfessor. This tool outperforms supervised methodologies (TreeTagger, FSM or rule-based syllables) because the choice of sub-word units optimise two essential criteria which are n-gram length coverage and lexical coverage. In the same time, it appears that the way one implements the segmentation information affects the speech recognition performance. As expected, using sub-word units brings major benefits to the OOV problem. It shows to be effective in two very different tasks for two under-resourced African languages with rich morphology (one being highly inflectional, Amharic and the other being agglutinative, Swahili). The Amharic read speech recognition task, get the more advantages of it, since the word baseline LM suffers from data sparsity. But results are also improved for a broadcast speech transcription task for Swahili.

Références

ABATE, S., MENZEL, W. et TAFILA, B. (2005). An Amharic speech corpus for large vocabulary continuous speech recognition. *In Interspeech*, pages 67–76.

ARISOY, E., CAN, D., PARLAK, S., SAK, H. et SARAÇLAR, M. (2009). Turkish broadcast news transcription and retrieval. *Audio, Speech, and Language Processing, IEEE Transactions on*, 17(5):874–883.

ARISOY, E. et SARAÇLAR, M. (2009). Lattice extension and vocabulary adaptation for Turkish LVCSR. *Audio, Speech, and Language Processing, IEEE Transactions on*, 17(1):163–173.

BARNARD, E., DAVEL, M. et van HUYSSTEEN, G. (2010a). Speech technology for information access : a South African case study. *In AAAI Symposium on Artificial Intelligence*, pages 22–24.

BARNARD, E., SCHALKWYK, J., van HEERDEN, C. et MORENO, P. (2010b). Voice search for development. *In Interspeech*.

CREUTZ, M. et LAGUS, K. (2005). Unsupervised morpheme segmentation and morphology induction from text corpora using morfessor 1.0. Rapport technique, Computer and Information Science, Report A81, Helsinki University of Technology.

DIEHL, F., GALES, M., TOMALIN, M. et WOODLAND, P. (2011). Morphological decomposition in Arabic ASR systems. *Computer Speech & Language*.

GELAS, H., BESACIER, L. et PELLEGRINO, F. (2012). Developments of swahili resources for an automatic speech recognition system. *In SLTU*.

GUIJARRUBIA, V., TORRES, M. et JUSTO, R. (2009). Morpheme-based automatic speech recognition of basque. *Pattern Recognition and Image Analysis*, pages 386–393.

HIRSIMAKI, T., CREUTZ, M., SIIVOLA, V., KURIMO, M., VIRPIOJA, S. et PYLKKONEN, J. (2006). Unlimited vocabulary speech recognition with morph language models applied to Finnish. *Computer Speech & Language*.

HIRSIMAKI, T., PYLKKONEN, J. et KURIMO, M. (2009). Importance of high-order n-gram models in morph-based speech recognition. *Audio, Speech, and Language Processing, IEEE Transactions on*, 17(4):724–732.

KUMAR, A., TEWARI, A., HORRIGAN, S., KAM, M., METZE, F. et CANNY, J. (2011). Rethinking speech recognition on mobile devices. *In IUI4DR*. ACM.

KURIMO, M., CREUTZ, M., VARJOKALLIO, M., ARISOY, E. et SARACLAR, M. (2006). Unsupervised segmentation of words into morphemes–morpho challenge 2005, application to automatic speech recognition. *In Interspeech*.

LEI, X., SIU, M., HWANG, M., OSTENDORF, M. et LEE, T. (2006). Improved tone modeling for Mandarin broadcast news speech recognition. *In Interspeech*.

MARTEN, L. (2006). Swahili. *In* BROWN, K., éditeur : *The Encyclopedia of Languages and Linguistics, 2nd ed.*, volume 12, pages 304–308. Oxford : Elsevier.

MOHRI, M., PEREIRA, F. et RILEY, M. (1998). A rational design for a weighted finite-state transducer library. *In Lecture Notes in Computer Science*, pages 144–158. Springer.

PATEL, N., CHITTAMURU, D., JAIN, A., DAVE, P. et PARIKH, T. (2010). Avaaj otalo : a field study of an interactive voice forum for small farmers in rural India. *In CHI*, pages 733–742. ACM.

Pellegrini, T. et Lamel, L. (2009). Automatic word decompounding for ASR in a morphologically rich language : Application to Amharic. *Audio, Speech, and Language Processing, IEEE Transactions on*, 17(5):863–873.

Sarikaya, R., Kirchhoff, K., Schultz, T. et Hakkani-Tur, D. (2009). Introduction to the special issue on processing morphologically rich languages. *Audio, Speech, and Language Processing, IEEE Transactions on*, 17(5).

Seng, S., Sam, S., Besacier, L., Bigi, B. et Castelli, E. (2008). First broadcast news transcription system for Khmer language. *In LREC*.

Shaik, M., Mousa, A., Schluter, R. et Ney, H. (2011a). Hybrid language models using mixed types of sub-lexical units for open vocabulary German LVCSR. *In Interspeech*.

Shaik, M., Mousa, A., Schluter, R. et Ney, H. (2011b). Using morpheme and syllable based sub-words for Polish LVCSR. *In ICASSP*.

Tachbelie, M., Abate, S. et Besacier, L. (2011a). Part-of-speech tagging for under-resourced and morphologically rich languages - the case of Amharic. *In HLTD*.

Tachbelie, M., Abate, S. et Menzel, W. (2010). Morpheme-based automatic speech recognition for a morphologically rich language - amharic. *In SLTU*.

Tachbelie, M., Abate, S. et Menzel, W. (2011b). Morpheme-based and factored language modeling for Amharic speech recognition. *In* Vetulani, Z., éditeur : *Human Language Technology. Challenges for Computer Science and Linguistics*, volume 6562 de *Lecture Notes in Computer Science*, pages 82–93. Springer.

Règles de formation des noms en haoussa

Abdou Mijinguin[1] *Harouna Naroua*[2]
(1) Agence Nigérienne des Langues et du Livre (ANLL), Niamey, B.P. 2838, Niger
(2) Département de Mathématiques et Informatique, Université Abdou Moumouni, Niamey, B. P. 10662, Niger
mijinguini@yahoo.fr, hnaroua@yahoo.com

RÉSUMÉ

Dans la perspective du traitement automatique des langues africaines, nous avons décrit quelques caractéristiques du fonctionnement lexical du haoussa. Nous nous sommes intéressés aux règles de formation de mots à partir des racines où une racine est un mot auquel on ajoute quelque chose pour former un nom. Différents mots se groupent en différentes catégories. Chaque catégorie admet sa façon de former un mot masculin pour lequel il existe un féminin ou pas et vis versa. Elle peut également admettre un pluriel ou pas selon le cas. L'analyse de la structure du haoussa nous a permis de formuler plusieurs règles de flexion et de dérivation sur des noms dissylabiques et trissylabiques. Des différentes théories dans ce domaine, l'approche de Scalise semble la plus indiquée pour une description de la formation des mots en haoussa.

ABSTRACT

Formation rules of names in Hausa

In the perspective of african language processing, we have described some characteristics of hausa lexical functions. We were interested on the rules of word formation from roots where a root stands for a word to which another thing can be added to form a noun. Different words are grouped in different categories. Each category has its own way to form a word be it male or female. Plural names are also derived according to some rules. The analysis of hausa structure allowed us to formulate several rules of flexion and derivation of nouns. From the different theories existing in this area, the one of Scalise seems to be the most appropriate in the description of hausa words.

MOTS-CLÉS : langue africaine, traitement automatique, haoussa, règle de dérivation, règle de flexion.

KEYWORDS : african language, automatic processing, hausa, derivation rule, flexion rule.

1 Introduction

Ce travail s'inspire des multiples théories développées dans le cadre de la morphologie 'lexicaliste', depuis les « Remarks.. » de (Chomsky, 1970), les « Prolegomena... » de (Halle, 1973), la morphologie générative de (Aronoff, 1976) ou de (Scalise, 1984). (Chomsky, 1970) a ouvert l'espace théorique pour une approche de l'autonomie de la composante morphologique dans le traitement des mécanismes de formation des mots. Sa conclusion essentielle était que les noms dérivés ne pourraient être créés par des transformations à partir d'un verbe. Il a ainsi proposé un traitement 'lexical' de chaque mot par le moyen de règles morphologiques agissant à l'intérieur de la composante lexicale. Comme l'a noté (Scalise, 1984) « nominalisations are presented as a test case for the validity of the distinction 'between lexical and transformational treatment of the word formation'».

Dans cette demarche de fondation de la morphologie lexicaliste, (Halle, 1973) part du principe que si une grammaire est une représentation formelle de la connaissance de sa langue par un locuteur natif, il doit alors y avoir une place dans la grammaire prenant en compte la connaissance lexicale du locuteur. Cet argument est fondé par le fait que le locuteur sait par exemple

i) ce que sont les mots de sa propre langue à la différence de ceux qui ne le sont pas (ex. icce est hausa et tree ou arbre ne le sont pas) ;

ii) que certains mots ont une structure interne (ex. má-àìk-àCíí) et au-delà

iii) cette structure interne respecte un ordre précis de concaténation des morphèmes utilisés (ex. má-àìk-àCíí est un mot possible ou une suite possible en hausa, alors que àìk-àCíí-má ou Cíí-má-àìk ne le sont pas).

(Halle, 1973) a décrit son modèle dans lequel l'unité de base du lexique est le morphème dont l'ensemble en constitue la première sous composante. La seconde sous composante est constituée des Règles de Formation de mots (RFM) qui indique entre autre comment les morphèmes d'une langue sont ordonnés séquentiellement pour constituer les mots actuels de la langue. Les RFM sont en mesure de générer tous les mots bien formés de la langue, ou d'en exclure les mal formés et si des cas dans ces derniers sont produits, ils constituent une exception qui passe dans le dictionnaire par un filtre. Il en est de même pour les mots possibles mais inexistants dans la langue. Ce ne sont donc pas tous les mots d'une langue qui sont formés au moyen des règles régulières de formation de mots de la langue. Il existe de nombreuses exceptions qui, selon lui, peuvent être de trois types : sémantique, phonologique et lexicale. Les formations ne pouvant être prises en compte par les règles de bonne formation à l'un ou l'autre de ces niveaux sont traités dans un filtre qui constitue la troisième composante du modèle, par lequel passent les mots mal formés ou permis mais non existants avant d'être dans le dictionnaire. Ainsi, (Halle, 1973) a classifié les mots en trois catégories qui sont les mots actuels de la langue, les mots possibles mais non existants et les mots impossibles mais non existants. Au contraire, (Aronoff, 1976) a proposé deux catégories de mots. La première est constituée par la liste des morphèmes et des règles de formation de mots qui donnent la classe des mots possibles. La seconde constitue le dictionnaire où sont stokés les mots actuels de la langue. Ainsi, selon lui, une théorie de la morphologie ne peut se taire sur les relations devant exister entre les mécanismes formels de création de nouveaux mots et l'analyse du corpus des mots existants.

Au terme de ce survol, nous pouvons assumer que la morphologie lexicale a progressivement fondé ses bases comme un champ autonome de la grammaire d'une langue. Il reste que les faits varient d'une langue à une autre et cela ne rend pas toujours aisée la générabilité des processus observés. C'est en prenant en compte ces difficultés que nous avons traité le cas du haoussa. Nous avons utilisé la définition d'Aronoff où une RFM spécifie l'ensemble des mots sur lesquels elle peut opérer. Cet ensemble est appelé 'base' de la règle, et habituellement l'opération consiste en une adjonction d'affixe. Nous n'avons pas oublié que cette opération peut dans certains cas être nulle, impliquant un changement de catégorie lexicale ou de paradigme sans une quelconque adjonction affixale.

2 Caractéristiques du fonctionnement lexical de la langue

Le haoussa est une des langues africaines les plus parlées avec le swahili. C'est la langue tchadique la plus importante en nombre de locuteurs et compte près de cent millions de locuteurs, principalement répartis en Afrique de l'ouest entre le Nigeria, le Niger, le Bénin, le Togo, le Ghana, etc. Elle est également parlée en Afrique centrale dans des pays comme le Cameroun, le Tchad, la République Centrafricaine, le Gabon, etc. Il s'agit d'une langue à tons et à différence de quantité vocalique phonologique.

L'opposition phonologique au niveau vocalique est observable dans des mots comme : karoo vs kaaroo ; kishii vs kiishii ; turaawaa vs tuuraawa ; etc.

Le système vocalique serait ainsi constitué des deux séries de voyelles suivantes :

voyelles brèves			voyelles longues		
i		u	ii		uu
e		o	ee		oo
	a			aa	

Les mots supportent des tons hauts (H) comme ráánáá ; sáú, bárcíí, táttálíí, wáájéé ; gírmáá, des tons bas (B) comme jìkíí, jìkáá, jíîkàà, bìríí, bírìì, màríí, wààƙéé, wááƙàà, rèènóó, nóónòò, et un ton modulé tombant (MHB) comme dáà, cîì, sháà. La structure syllabique est constituée des combinaisons suivantes : cv (cii), cvv (taa-ki) et cvc (ƙar-he). Au plan morphologique, la langue observe une flexion de genre et de nombre qu'il convient de cerner sur certains aspects qui suivent :

i) Au plan du genre on identifie deux types de formations

les formations à items simples comme rami, gida, garke, gero, kunu qui sont des noms masculins et rana, garka, moɗa, cera, turka, zumuwa qui sont des noms féminins. Les finales des noms sont déterminées comme suit :

-i/ii	-u/uu	
		finale noms masculins singuliers
-ee	-oo	

-a/aa finale noms féminins singuliers

Il semble que tous les noms féminins à quelques exceptions près finissent par –a ; et les noms masculins à quelques exceptions près finissent par i, e, o, u. Ainsi, zomo, wake, tulu et rami seraient des mots simples connus comme masculins en hausa alors que rana, dara, garka, et mota seraient des formations simples connues comme féminines en haoussa.

- les 'formations couples' avec deux sous types : les couples à items simples et les couples à items dérivés. Ainsi, doki et goɗiya, rago et tumkiya seraient identifiés comme des couples composés d'items simples pour chacun des deux genres alors que malami et malama, sarki et sarauniya, icce et itaciya seraient des couples d'items dérivés.

- les formations composés comme macce-da-goyo, ci-ma-zamne, ɗan allau qui observent d'autres spécificités du point de vue flexionnel.

Dans la perspective de ce travail qui se veut plus analytique et prospectif, il y a lieu de spécifier certains aspects structurels et organisationnels qui restent sensibles dans la couverture des questions de flexion et de dérivation en haoussa. Il s'agit notamment de certains principes culturels et historiques entrant en ligne de compte dans la hiérarchisation des phénomènes. Le tableau suivant montre la hiérarchisation des phénomènes dans la formation des items simples, des couples à items simples et des couples dérivés :

Types de mots	genre		nombre	
	masculin	féminin	Pluriel spécifique	Pluriel commun
Mots à items simples	zomo	-	zomaye	-
	wake,	-	wake	-
	iko	-	ikuna	-
	tulu	-	tuluna	-
	rami	-	ramu	-
	-	rana,	ranaye	-
	-	garka,	garake	-
	-	mota	motoci	-
	-	ƙwalwa	ƙwalwa	-
	-	saiwa	saiwoyi	-
Mots couples à items simples	doki	goɗiya	dawaki	dawakkai
			goɗiyoyi	-
	rago	tumkiya	raguna	-
			tumaki	tumakkai
	bunsuru	akuya	bunsurra	-
			Awaki	awakkai
Mots couples à items dérivés	raƙumi	raƙuma	-	raƙumma
	malami	malama	-	malamai
	icce	itaciya	-	itace
	marayi	marayiya	-	maraya

Tableau 1 : Hiérarchisation des phénomènes dans la formation des items

3 Formations lexicales et règles de formation de mots en haoussa

Nous avons progressivement tenté de nous faire une idée de la morphologie lexicale à travers certains travaux telsque ceux de (Halle, 1973) et de (Aronoff, 1976). Des aspects fondamentaux ont été dégagés dans les théories décrites. Il reste que bien d'aspects propres à la langue haoussa risquent de ne pas être pris en compte dans la limite de ces approches et des modèles qui en sont issus. Pour illustrer notre démarche, seuls quelques exemples ont été sélectionnés. Plusieurs auteurs ont déjà travaillé dans ce domaine comme (Roxana, 1990). Suivant notre hypothèse de travail, un modèle de morphologie lexicale traiterait les principaux niveaux qui sont le dictionnaire et les règles. Le dictionnaire constitue la somme de tous les mots actuels en usage dans la langue et dont l'étude porterait sur la structuration de ses mots dans leurs « sous composants ». Les règles quant à elles entrent en ligne de compte dans cette structuration. Ainsi nous partageons cette assertion de (Scalise, 1984) « qu'aussi loin que le lexique puisse être concerné, on pourra suggérer que les unités du dictionnaire sont les 'mots' et les 'thèmes', et qu'aussi loin que les règles lexicales puissent être concernées, nous donnerons une représentation des règles de préfixation, des règles de suffixation, et des règles de composition, montrant comment ces règles utilisent l'information associée à un item lexical »Nous chercherons ainsi à trouver les conditions de bonne formation de ces trois catégories de règle dans la langue.

Des différents points de vue ci-dessus examinés, il est ressorti que la composante lexicale de la grammaire est régie par un groupe de règles, les règles de formation de mots (RFM). Il s'agit des règles de flexion (RFs), des règles de dérivation (RDs) et des règles de composition (RCs). Dans les faits, il s'agit de règles d'adjonction et que de ce point de vue il serait difficile de faire la différence opérationnelle entre :

i) [malam+i]nm / [malam+a]nf / [malam+ai]np qui sont des opérations de flexion de genre pour les deux premier cas et de nombre pour le troisième (malami/-a/-ai = professeur /-e/s) et

ii) [malam+tarda]v qui est une opération de dérivation ou de formation verbale traduisant le processus de formation de professeur.

(i) et (ii) se résument donc au même type d'opération X + Y où X est un mot ou une racine ou un thème selon la langue et Y un affixe formateur de mot dans son acception fléchie (+i, +a, +ai), ou un opérateur d'un transfert catégoriel comme c'est le cas de '+ tarda'. Mais les linguistes restent partagés sur la question : ceux qui maintiennent que la dérivation et la flexion sont essentiellement le même type de processus comme (Halle, 1973) ou (Jackendoff, 1975) et ceux qui pensent qu'il s'agit de processus différents comme (Scalise, 1984).

Notre attention va porter au second groupe pour qui les règles de flexion (RFs) sont différentes de celles de dérivation (RDs) et qu'elles s'effectuent à l'intérieur de la même catégorie. Ce groupe assume que la flexion s'opère entièrement à l'intérieur de la composante lexicale qui se donne comme finalité de définir « le mot possible » et qu'il s'agit de règles de nature différente. Les démonstrations de Scalise sur l'italien s'appliquent au haoussa comme le montrent les règles suivantes :

(i) les règles de flexion (RFs) ne change jamais de catégorie syntaxique à un mot, ce que font les règles de dérivation (RDs)

malam + i > malam + a > malam + ai (la catégorie ne change pas)

Sg.msc sg.fém pl com.

malam + tarda (la catégorie change)

Cependant, il y a des cas où la RD ne change pas de catégorie : sheɗani > sheɗanci

(ii) la flexion est toujours périphérique au regard de la dérivation.

L'ordre des règles est Mot – Dérivation - Flexion et jamais

*Mot – Flexion – dérivation.

De ce fait un affixe dérivationnel ne peut pas être attaché à un mot fléchi. Pour mieux saisir la portée de l'hypothèse d'Aronoff en haoussa, nous avons examé quelques exemples de mots contenus dans la phrase suivante :

"Wani babban mutun ya tambaye ka."

On peut partir de l'hypothèse que cette phrase est construite sur la base de deux axes :

- l'axe syntagmatique ou celui de la succession des éléments ou mots qui la constituent [{Wani} + {babban} + {mutun} + {ya} + {tambaye} + {ka}], et

- celui paradigmatique qui a permis une série de choix sur lesquels sont portés chacun des mots appartenant individuellement à un paradigme donné, par exemple le paradigme {Wani, wata, wasu}

À chacune des positions Xi (i ∊ {1,2,3,4,5,6}), de l'axe syntagmatique, on peut substituer l'unité présente à cette position par une unité de même catégorie syntaxique que celle substituée.

Prenons par exemple 'la pile' 1 du paradigme 1 {wani, wata, wasu} : pour le locuteur natif, cette 'pile' est clôturée aux trois adjectifs indéfinis {"wani" (un certain), "wata" (une certaine) et "wasu" (des / certains). wasu admet des variantes "waɗansu" et "wa'ansu"}. On peut poser que cette catégorie est fermée, même si par ailleurs les éléments de sa 'pile' peuvent être substitués par les éléments d'une autre pile : ex. {wannan} babban mutumen ya tambaye ka. L'adjectif indéfini 'wani' peut être substitué par l'adjectif démonstratif "wannan" (ce(tte) personne en question), ou par un adjectif possessif de la pile de "nawa" (le mien), ou par un adjectif qualificatif comme jibgege (de type profusatif). A l'acception de la pile de ce dernier, celles des démonstratifs et des possessifs sont fermées à l'instar de celle des indéfinis.

Au stade de cette présentation, et dans la perspective du traitement particulier du haoussa, on peut dire qu'une catégorie syntaxique est constituée de piles d'éléments ou paradigme : catégorie syntaxique des adjectifs { paradigme des indéfinis, paradigme des possessifs, paradigmes des qualificatifs, etc. }, catégorie syntaxique des noms { paradigme des noms propres, paradigme des noms communs subdivisés selon certains paramètres culturels, etc. }, catégorie des adverbes {paradigme des adverbes de lieu, paradigme des adverbes de temps, paradigmes des statifs, des profusatifs, etc}. On peut également retrouver quelques mots en applicant les règles comme :

tsunts-	+	-u	(oiseau masculin)
		-uwa	(oiseau féminin)
		-aye	(oiseaux pluriel)
ran-	+	-a	(soleil féminin)
		-aye	(soleils pluriel)
buz-	+	-u	(touareg masculin)
		-uwa	(touareg féminin)
		-aye	(touaregs pluriel)
dar-	+	-e	(nuit masculin)
		-aye	(nuits pluriel)

Au plan de la tonologie, le constat fait est le suivant :

A.	1. tsúntsúú	HH	C.	1. búúzúú	HH
	2. tsúntsúwáá	HHH		2. búúzúwáá	HHH
	3. tsúntsààyéé	HBH		3. búúzààyéé	HBH
B.	1. Ø	-	D.	1. dáréé	HH
	2. ráánáá	HH		2. Ø	-
	3. ráánààyéé	HBH		3. dárààyéé	HBH

Il ressort qu'en haoussa, la flexion est une adjonction d'un thème de flexion à une racine.

RF → $[\text{Rac.} + \text{Th.}_{\text{fl.}}]_{\text{ST}}$

L'application en extension de cette règle se ramènerait pour les trois cas (deux du genre et un du nombre) à une substitution thèmique sur la racine, le mot fléchi obtenu portant un schème tonal (ST) qui est (dans le cas en étude) HH pour le singulier masculin, HHH pour le singulier féminin et HBH pour le pluriel commun.

$$RF \rightarrow Rac. + \left\{ \begin{array}{l} [th]_{n.masc.sg} /HH \\ [th]_{n.fém.sg.} /HHH \\ [th]_{n.pl} / /HBH \end{array} \right\}$$

Ainsi, nous trouvons les précisions suivantes :

i) $(C_0)VC_1C_2$ - + -aCe → * $(C_0)VC_1$ C_2- + -aCe mais $(C_0)VC_1$ a C_2 e

ex. non jirgaye, mais jirage

non garkaye, mais garake

où la consonne C_1 serait du paradigme des continues {s, z, l, r, m, w} et C est une nouvelle consonne introduite dans la formation du pluriel.

ii) La base commune à tous les mots dont la racine est de structure $(C_0)VC_1C_2$. est définie par la flexion plurielle à thème commun –aCe et à schème tonal HBH. Cette base est représentée par :

B_{n1} > $\Sigma_m (P_{n1}) / n_{1déf.}$ -v>aCe / HH>HBH

La base n1 (B_{n1}) serait définie comme l'ensemble des mots de la pile n1 (P_{n1}) où n1 est un nom dissyllabique (masculin ou féminin pour le cas des items simples), défini ou caractérisé par la substituabilité de la voyelle finale –v par le thème commun de flexion -aCe et par le passage du schème tonal [haut-haut] porté par le nom dissyllabique au schème tonal [HBH] porté par le nom fléchi pluriel qui est trissylabique. Les règles de flexion du nombre et des couples deviennent respectivement

Rf_{nombre} → Rac.sg (masc/fém) + -aCe /HBH ou tout simplement -v/HH>-aCe/HBH

$$RF_{genre} \rightarrow Rac_{dissyl.} + \left\{ \begin{array}{l} \text{-v /HH} \\ \\ \text{-uWa/HHH} \end{array} \right\}$$

Au vu de ces précisions, la règle de flexion relative aux mots de la pile P_{n1} pourra être ainsi réécrite :

$$RF \rightarrow Rac. + \left\{ \begin{array}{l} [th]_{n.masc.sg} /HH \\ [th]_{n.fém.sg.} /HHH \\ [th]_{n.pl} /HBH \end{array} \right\} > RF_{Bn1} \rightarrow Rac._{Bn1} + \left\{ \begin{array}{l} \text{-v / HH} \\ \text{-uWa/HHH} \\ \text{-aCe /HBH} \end{array} \right\}$$

Si P_{n2} est constituée de nominaux dissyllabiques porteurs de l'un ou l'autre des deux schèmes tonals HB et BH et qui font leur pluriel en –uCa, le nom pluriel portant le schème tonal HHB, alors

$$R_{fl.nombre}\,(Pn2) \quad = \quad Rac._{/\text{-}v]BH/HB} \quad + \quad \text{-}uCa_{/HHB}$$

ou

$$R_{fl.nombre}\,(Pn2) \quad = \quad Rac._{[dissyl.]BH/HB} \quad + \quad \left\{ \begin{array}{l} \text{-}V]_{BH/HB}\ sg. \\ \\ \text{-}uCa]_{HHB}\ \ pl. \end{array} \right\}$$

Cependant, il existe quelques variantes de règles comme :

$$R_{fl.nombre} \quad = C_1VC_2\text{-}C_3\text{-} \ + \ \text{-}v \quad (karhi) \quad > \quad C_1VC_2\text{-}C_3\text{-} \quad + \ uCa \ \ (karhuna) >$$

$$\text{-}aa\text{-}$$

$$\downarrow$$

$$\#C_1VC_2\text{-}C_3\text{-} \quad \text{-}uCa \quad (karahuna) \quad > \quad [C_1VC_2aaC_3\text{-} \quad \text{-}uCa]_{H(H)HB}$$

D'où la reformulation de la règle de flexion de la pile P_{n2}

$$R_{fl.nombre}\,(Pn2) = Rac._{[dissyl.]BH/HB} + \left\{ \begin{array}{l} \text{-}V]_{BH/HB}\, sg. \\ \\ \text{-}uCa]_{H(H)HB}\, pl. \end{array} \right\}$$

Comme dans le cas des dissyllabiques, les noms trissylabiques sont régis par une diversité de règles allant d'un type commun ou fondamental vers des types spécifiques à des partitions données de la pile P_n. Pour la base n3A (noms trissylabiques), nous avons identifié deux groupes à savoir les non dérivés (type A) et les dérivés (type B). Les résultats des travaux sur ces groupes sont résumés dans les tableaux 2 et 3.

Items singuliers	**Items pluriels**
-a]$_{\mathbf{BHH}}$	**-oCi]$_{\mathbf{HHHH}}$**
Kasuwa	kasuwoyi
-a]$_{\mathbf{HBH}}$	**-oCi]$_{\mathbf{HHHH}}$**
ɗakwara	ɗakwarori
-a]$_{\mathbf{HHB}}$	**-oCi]$_{\mathbf{HHHH}}$**
taguwa	taguwoyi
Flexion partitive trissylabique A: $R_{\text{fl.nombre}}(B_{n3,PA}) = \text{Rac.}_{[\text{trissyl.}]BHH/HBH/HHB} + \begin{cases} \text{-a]}_{BHH/HBH/HHB} & \text{sg.} \\ \text{-oCi]}_{HHHH} & \text{pl.} \end{cases}$	
-v]$_{\mathbf{BHB}}$	**-oCi]$_{\mathbf{HHHH}}$** / **-u]$_{\mathbf{BBH}}$**
ƙorama	ƙoramomi / ƙoramu
-v]$_{\mathbf{BHB}}$	**-oCi]$_{\mathbf{HHHH}}$** / **-u/-i]$_{\mathbf{BBH}}$**
ɗorowa	ɗorowoyi ɗoroyu/ɗoroyi
-v]$_{\mathbf{HBH}}$	**-oCi]$_{\mathbf{HHHH}}$** / **-u/-i]$_{\mathbf{BBH}}$**
goɗiya	goɗiyoyi goɗiyu/goɗiyai
Flexion partitive trissylabique B: $R_{\text{fl.nombre}}(B_{n3,PB}) = \text{Rac.}_{[\text{trissyl.}]BHB/HBH} + \begin{cases} \text{-a]}_{BHB/HBH/} & \text{sg.} \\ \text{-oCi]}_{HHHH} \ // \ \text{-u/-u/i/-ai]}_{HHHH} & \text{pl.} \end{cases}$	
-e]$_{\mathbf{HHB}}$	**Red.$\mathbf{S_i}$- -$\mathbf{S_f}$ > $\mathbf{C_1vC_{4/3}aC_1vC_{4/3}ai]}$**
Mummuƙe	muƙamuƙai
-e]$_{\mathbf{BBH}}$	**Red.$\mathbf{S_i}$- -$\mathbf{S_f}$ > $\mathbf{C_1vC_{4/3}aC_1vC_{4/3\text{-}}ai]}$**
gunguni	gunaguni
$R_{\text{fl.nombre}}(B_{n3,PC}) = \text{Rac.}_{[\text{trissyl.}]HHB/\ BBH} + \begin{cases} \text{-e/i]}_{HHB/BBH} & \text{sg.} \\ \text{(-oCi]}_{HHHH)} \ // \ \text{Red.}S_i\text{- -}S_{f\text{-}ai/i}]_{BBBH/\ HBHH} & \text{pl.} \end{cases}$	

Tableau 2 : Noms trissylabiques du type A

<table>
<tr><th>Partition</th><th>Masc. Singulier</th><th>Fém. singulier</th><th>Pluriel commun</th><th>règles</th></tr>
<tr><td rowspan="2">1.
ethnonymes</td><td>bahaushe
Bature</td><td>Bahausa /-(sh)iya
Baturiya</td><td>Hausawa
Turawa</td><td>[ba-rac.-e]$_{BH(H)B}$
>[ba-rac.-e]$_{BH(H)B}$
> [Rac-awa]$_{HH(H)H}$</td></tr>
<tr><td colspan="4">[ba$_{préf}$-rac.-e]$_{BH(H)B}$ >[ba$_{préf}$-Rac.-a/iya]$_{BH(H)B}$>[Ø$_{préf}$Rac-awa]$_{HH(H)H}$
règle de flexion genre et nombre de la particion
ba$_{préf}$-Rac. + { - e]$_{BH(H)B}$ masc. sing ; - a/iya]$_{BH(H)B}$ / $_{BH(H)BH}$ fém. sing ; - Ø$_{préf}$ - Rac- awa] $_{HH(H)H}$ pluriel }
ba- indique qu'on est ressortissant de (groupe ethnique, ville/village, région, etc.). il s'éclipse au pluriel</td></tr>
<tr><td rowspan="6">2. agentiels, instruments, lieux :
ma-+rac.–mfg</td><td>2.a. agents
Ma'aikaci
[ma$_{préf}$-Rac.-i]$_{HB(B)H}$</td><td>Ma'aikaciya
[ma$_{préf}$-Rac.-iya]$_{HH(H)BH}$</td><td>Ma'aikata
[ma$_{préf}$-Rac.-a]$_{HB(B)H}$</td><td></td></tr>
<tr><td colspan="4">ma$_{préf}$-Rac + { -i]$_{HB(B)H}$ masc. sing ; -iya]$_{HH(H)BH}$ fém. sing ; -a]$_{HB(B)H}$ plur. com. }</td></tr>
<tr><td>2.b. instruments
Ma'aikaci</td><td></td><td>Ma'aikatayya</td><td></td></tr>
<tr><td colspan="4">ma$_{préf}$-Rac + { -i] $_{HH(H)H}$ masc. sing ; -ayya]$_{BB(B)HB}$ plur. }</td></tr>
<tr><td>2.c. lieux
-</td><td>Ma'aikata
[ma$_{préf}$-Rac.-a]$_{HH(H)H}$</td><td>Ma'aikatu
[ma$_{préf}$-Rac.-u]$_{BB(B)H}$</td><td></td></tr>
<tr><td colspan="4">ma$_{préf}$-Rac + { .-a]$_{HH(H)H}$ fém. sing ; .-u]$_{BB(B)H}$ plur. }</td></tr>
</table>

Tableau 3 : Noms trissylabiques du type B

4 Perspectives d'informatisation

Dans la deuxième phase, notre travail consistera à modéliser et à informatiser les règles ci-dessus. Il s'agira de construire des grammaires régulières ou non contextuelles qui pourront utiliser les règles de flexion, de dérivation et de composition de mots en haoussa.

5 Conclusion

Dans cette contribution, nous avons élaboré des règles pour la formation des mots en haoussa. Pour cette première étape, il s'agit essentiellement des règles de flexion et de dérivation sur des noms dissylabiques et trissylabiques. Bien qu'il y ait des aspects particuliers à la langue haoussa, il ressort que notre formulation est en accord avec les travaux effectués par d'autres chercheurs sur des langues mieux dotées.

6 Références

ARONOFF M. (1976) Word Formation in Generative Grammar, The MIT Press, Massachussetts.

CHOMSKY N. (1970) Remarks on Nominalization, In A. Jacobs and P.S. Rosenbaum editors, Readings in English Transformational Grammar, Blaisdell, Waltham, MA, 1970.

HALLE M. (1973) Prolegomena to a Theory of Word Formation, Linguistic Inquiry, Volume 4, Number 1, pp.3-16.

JACKENDOFF R. (1975) Morphological and Semantic Regularities in the Lexicon, Language, 51, pp. 639-71.

ROXANA M.N. (1990) English – Hausa Dictionary.

SCALISE S., (1984) Generative Morphology, Foris Pubns USA.

Vers un analyseur syntaxique du wolof

Mar Ndiaye [1] *Cherif Mbodj* [2]
(1) Ecole supérieure de commerce Dakar, 7 av. Faidherbe BP21354 - Dakar
(2) Centre de linguistique appliquée de Dakar (UCAD)
ndiaye.mar@gmail.com, cmbodj@ucad.sn

RESUME

Dans cet article nous présentons notre projet d'analyseur syntaxique du wolof, une langue parlée au Sénégal, en Mauritanie et en Gambie. Le modèle d'analyse que nous utilisons est très largement inspiré du modèle d'analyse syntaxique multilingue de Fips (Laenzlinger et Wehrli, 1991 ; Wehrli, 1997,2004)[1] développé au LATL[2] de l'université de Genève, sur la base de grammaires inspirées des théories chomskyennes, notamment la grammaire GB[3].

ABSTRACT

a futur syntactic parser for wolof

This paper presents our project to implement a parser for wolof. The Wolof is an african language spoken in Senegal, Mauritania and Gambia. The project aims to implement a parser based to the Fips's grammatical model, a GB parser.

MOTS-CLES : wolof, TALN, analyseur syntaxique, Fips, GB.
KEYWORDS : wolof, NLP, syntactic parser, Fips, GB.

[1] Ce papier s'en est largement inpiré

[2] Laboratoire d'analyse et des technologies du langage

[3] *Government and Binding*

1 Introduction

Dans cet article, nous présentons l'architecture informatique du système. Cette architecture est entièrement basée sur celle de Fips. Ce choix est justifié par le fait que Fips utilise une technologie multilingue reconnue. Nous présentons d'abord rapidement le modèle grammatical sous-jacent à l'analyse syntaxique (section 2), ensuite nous abordons la structure des données linguistiques (section 3) et enfin la stratégie d'analyse (section 4).

2 La grammaire GB

Une grammaire GB est définie comme un système de principes, qui ne varient pas d'une langue à l'autre et de paramètres qui tiennent compte des propriétés spécifiques à chaque langue. Ces principes sont organisés en sous-systèmes appelés des modules. Chaque sous-système s'occupe d'un processus ou d'un groupe de phénomènes linguistiques. La théorie X-barre définit la structure hiérarchique en constituants de la phrase (FIGURE 1), la théorie du gouvernement règle les relations structurales entre les constituants, la théorie thêta s'occupe de l'assignation des rôles thématiques aux arguments, la théorie des cas règle la distribution des groupes nominaux dans la phrase. La théorie du liage s'occupe de l'interprétation (co)référentielle des groupes nominaux. La théorie des chaînes gère la constitution des chaînes entre les éléments déplacés et leurs traces laissées dans leur position d'origine.

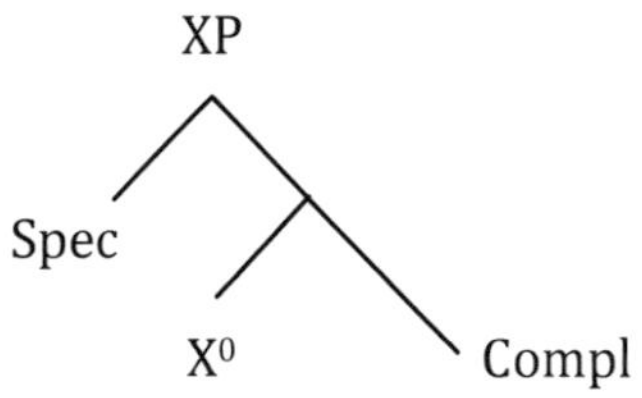

FIGURE 2 – Schéma X-barre

2.1 La théorie thématique

Cette théorie s'occupe de l'assignation des rôles thématiques aux arguments. Le prédicat verbal donne le corps de la phrase. Le verbe et ses arguments déterminent les constituants indispensables dans la phrase. Les relations sémantiques entre le prédicat et ses arguments sont spécifiées dans la grille thématique du verbe qui est une liste non ordonnée de rôles thématiques, dont les principales sont l'agent, le thème et le bénéficiaire.

2.2 La théorie du cas

Cette théorie s'occupe de l'assignation des cas aux syntagmes nominaux. Elle distingue deux types de cas: le cas structurel et le cas inhérent. Les cas structuraux sont assignés sous gouvernement de tête et comprennent le nominatif assigné par l'inflexion à son spécifieur, l'accusatif, assigné par le verbe à son complément. Le cas inhérent est une propriété lexicale, c'est-à-dire un paramètre de la langue.

Pour satisfaire le filtre de cas, les syntagmes nominaux qui ne se trouvent pas dans une position où un cas peut être assigné peuvent se déplacer dans une position libre. C'est typiquement le cas du sujet, qui se déplace de la position spécificateur de VP, qui n'est pas une position de cas structurel à la position spécificateur de TP où il peut recevoir le cas nominatif ou encore le complément d'objet direct qui se déplace aussi en position spécificateur de TP dans les constructions passives à montée, car le verbe ne peut plus assigner le cas structurel à son complément.

2.3 La théorie des chaînes

Certains principes de la grammaire exigent que des éléments, projection maximale, tête, ne restent pas dans leur position canonique mais se déplacent dans d'autres positions. Le principe de projection et le principe de préservation de la structure exigent que la position de base continue d'exister, remplie par une trace de l'élément déplacé. Les mouvements sont codés dans des chaînes qui comportent les éléments déplacés et les traces qu'ils ont laissées dans leur position de base.

3 Le schéma X-barre dans Fips

Fips implémente une version simplifiée (FIGURE 2) du schéma X-barre standard de la théorie GB (FIGURE 1)

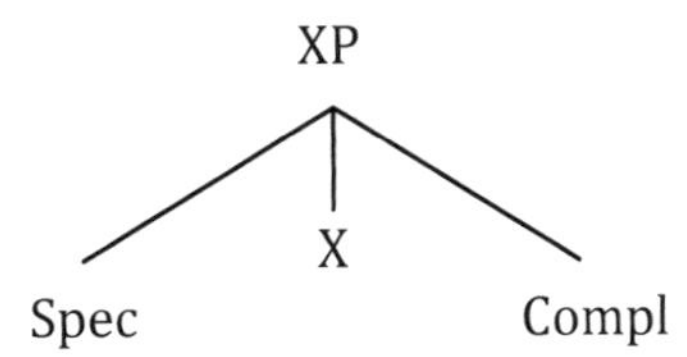

FIGURE 2 – Schéma X-barre dans Fips

La variable X (FIGURE 2), appelée tête, détermine la projection maximale XP. Elle prend ses valeurs dans l'ensemble constitué des catégories lexicales: Adv(adverbe), A(adjectif), N(nom), V(verbe), P(reposition) et fonctionnelles: C(omplementeur), Conj(onction), Interj(ection) et T(ense) (pour le morphème de temps/inflexion), D(eterminant) et F(onctionnel). Elle peut être modifiée par Spec et Compl qui sont des listes (éventuellement vides) de projections maximales correspondant respectivement aux sous-constituants gauches et droits de X.

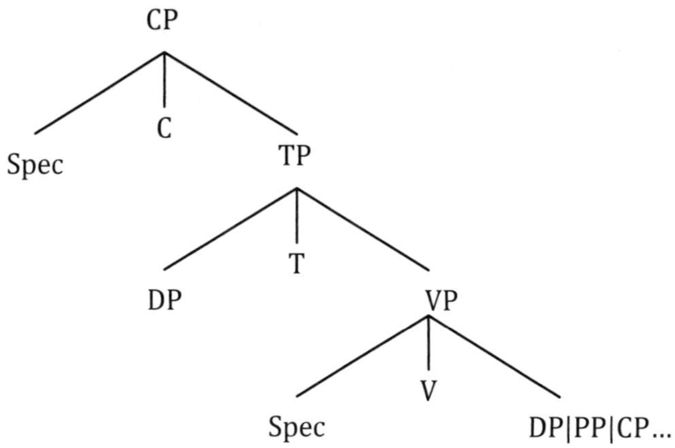

FIGURE 3 – Structure d'une phrase complète

Une phrase complète est représentée par une projection maximale de type CP (FIGURE 3). La catégorie C sélectionne une projection TP dans laquelle la position T comprend le verbe simple (ou l'auxiliaire) conjugué. Le sujet de la phrase est représenté au niveau Spec de TP alors que la position Compl de TP comprend le groupe verbal. La tête V du groupe verbal correspond à des verbes au participe passé ou des verbes à l'infinitif. La liste Spec de la projection VP est occupée par les adverbes(Adv) alors que Compl reçoit les autres arguments du verbe sauf le sujet. On doit à Pollock (1989) l'hypothèse de la montée des verbes conjugués de VP à TP - dans certaines langues (français, langues romanes) mais pas en anglais et dans les langues germaniques. Comme la tête T en anglais et dans les langues germaniques n'est pas suffisamment riche pour permettre la transmission des rôles thématiques portés par le verbe qui monterait s'y adjoindre à la trace de V - cette montée empêcherait donc la vérification du critère thématique -, expliquant ainsi pourquoi le verbe dans ces langues ne monte pas en T.

3.1 Le lexique

Le wolof est une langue morphologiquement riche. Par exemple, Voisin (20109) identifie les morphèmes - *i* et *si* comme encodant des valeurs telles que le mouvement associé, (exemples (1), (2), (3), (4)).

(1) a.	dafa	doon	xataraayu	nguir	xeex-i	
b.	EV3S	PASSE	se. débattre	pour	se. battre-EL	
c.	*Il se débattait pour aller se battre*					
(2) a.	sa	liggéey	a ngi baax-si	muñ-al	tuuti	rekk
b.	POSS2S	travail	PRES3S ê.bon-RAPP	patienter-IMP	peu	

c. *ton travail devient bon, patiente encore un peu.*

(3) a. Mu ngi ma-y nob-si

b. PRES3S O1S-INACC aimer-RAPP

c. il *(elle) devient amoureux (euse) de moi*

(4) a.	Ndax	ajuu	na	ñu	seet-i	ko
b.	INTER	ê.nécessaire	P3S	NAR1P	regarder-EL	O3S

c. *Est-il nécessaire que nous allons le voir*

La structure du lexique suit également le model lexical de Fips, c'est à dire un lexique relationnel selon lequel les relations morphologiques seront exprimées dans le lexique sous la forme de liens entre différentes représentations lexicales. Sans entrer dans les détails, la structure de la base de données lexicale s'articule comme suit (voir Seretan et *al.* , 2006) : nous avons (i) un lexique des mots, contenant toutes les formes fléchies des mots de la langue, ici le wolof, (ii) un lexique des lexèmes, contenant les informations syntaxiques de chaque unité lexicale (une unité lexicale correspond plus ou moins à une entrée de dictionnaire classique) .

Un exemple d'unité lexicale en wolof (tiré de (Mbodj et Enguehard, 2004) est donné en(3))

(3) forme : aay

phonétique : [a :y]

catégorie : v.i

mode de flexion : 2

définition : être mauvais, être mal

exemple d’usage: lu ayy ci li ma wax (qu’est-ce qu’il y a de mal dans ce que j’ai dit ?)

3.2 Le groupe nominal

Fips adopte l'hypothèse DP, selon la quelle la catégorie fonctionnelle D, réalisée comme déterminant, sélectionne un complément lexical NP à tête nominale. En d'autres termes, c'est le déterminant qui fonctionne comme tête du syntagme nominal.

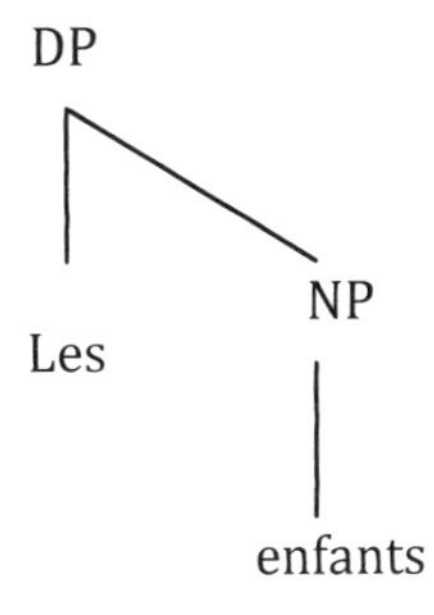

FIGURE 4 – Structure du groupe nominal

La structure du groupe nominal wolof est particulièrement intéressante dans le cadre de ce modèle d'analyse. Il s'avère qu'en wolof, le déterminant peut être en position post-nominale (exemple (4)) ou en position pré-nominale (exemple (5)). Ce qui nous oblige à reconsidérer la structure du DP adoptée.

(4) a. xale yi

b. enfants DEF.P

c. *les enfants*

d.

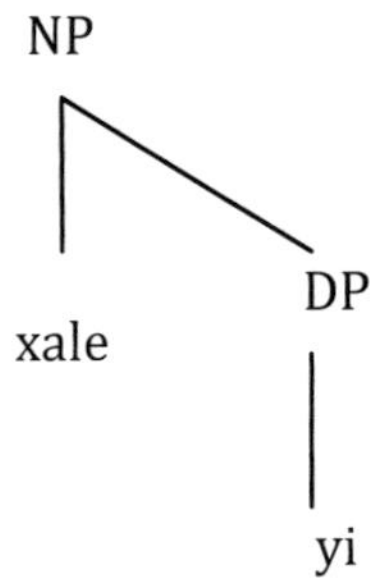

(5) a. yi xale

b. enfants DEF.P

c. *ces enfants*

d.

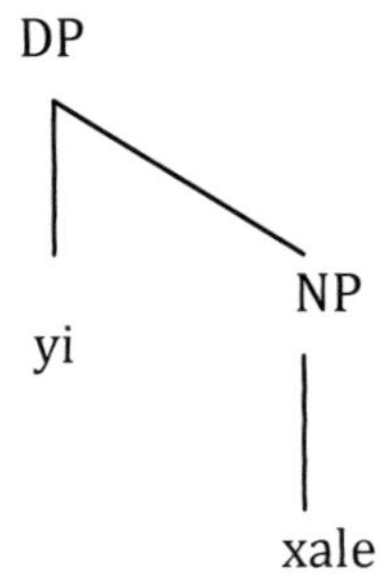

Dans l'exemple donné en (4) c'est le nom qui sélectionne un DP, alors que l'exemple (5) correspond à l'hypothèse adoptée dans Fips.

4 La stratégie d'analyse de Fips

La stratégie d'analyse de Fips (ALGORITHME 1) est de type gauche à droite avec traitement parallèle des alternatives. C'est une approche incrémentale essentiellement ascendante avec un filtre descendant. Les principes fondamentaux de l'algorithme 1 dit du "coin droit" sont:

- C'est une analyse syntaxique dirigée par les données. On cherche à attacher chaque nouvel élément au coin droit d'un constituant dans le contexte gauche.
- Le contexte gauche spécifie un ensemble de nœuds actifs auxquels le nouvel élément est susceptible de s'attacher (sites d'attachement).
- Tous les attachements possibles sont considérés en parallèle.

4.1 Type d'action

Fips utilise trois mécanismes fondamentaux qui sont : (i) la projection, (ii) la combinaison des constituants et (iii) le déplacement.

4.1.1 La projection

Le mécanisme de projection crée une structure syntaxique complète sur la base soit d'une structure lexicale, soit sur la base d'une structure syntaxique (par exemple un syntagme nominal à valeur adverbiale)

4.1.2 La combinaison

L'opération de combinaison implique deux projections adjacentes. Soient deux projections A et B, deux cas de figure se présentent:

- A est attaché comme sous-constituant gauche de B
- B est attaché comme sous-constituant droit de A ou d'un sous-constituant droit actif de A

4.1.3 Le déplacement

Dans la théorie chomskyenne, tout syntagme nominal qui n'a pas valeur d'adverbe doit être associé à un rôle thématique distribué par un prédicat sous condition de gouvernement. Les éléments extraposés sont des éléments déplacés par une transformation de mouvement à partir d'une position dite canonique, gouverné par un prédicat. Un syntagme nominal extraposé reçoit son rôle thématique par l'intermédiaire de cette position canonique à laquelle il reste lié (sous-section 2.3). Dans Fips, à un élément extraposé est associée une catégorie vide en position canonique d'argument (position sujet ou position complément). Le lien entre le syntagme nominal extraposé et le syntagme abstrait *e* qui représente sa trace en position canonique est établi par le même indice dans les deux structures

4.2 Exemple d'analyse

De façon très simpliste, sans entrer dans les détails de l'algorithme, nous allons montrer comment l'algorithme effectue l'analyse donnée en (7) pour la phrase donnée en (6).

(6) a. xale yi nelleewnañu

b. enfants DEF.P dormir

c. *les enfants dorment*

La lecture du premier mot de la phrase, *xale* donne lieu à une projection de type [NP xale]. Lorsque la tête de lecture lit le mot suivant, *yi* qui est un déterminant défini pluriel, l'action de créer crée une projection [DP yi]. Ce constituant est attaché comme sous-constituant droit de NP, ce que donne le constituant [NP xale [DP yi]] (représenté en (4d.)). A la lecture du mot *nelleewnañu*, qui est un verbe conjugué, un projection de type [TP nelleewnañu [VP e]]. Cette dernière se combine avec le constituant [NP xale [DP yi]], attaché comme spécificateur de TP, c'est-à-dire comme sujet. Ce qui donne l structure arborescente (7) suivante:

(7)

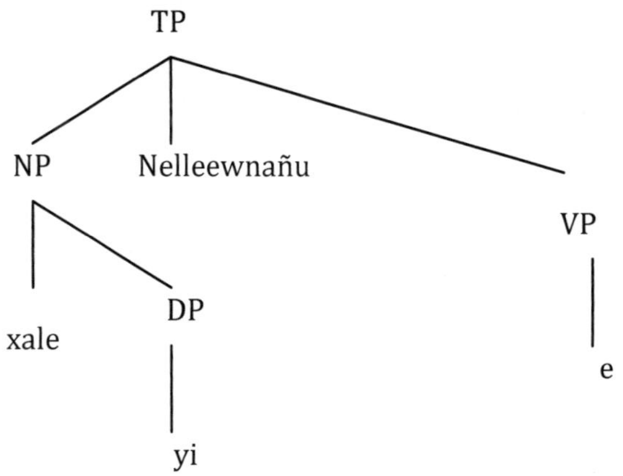

FIGURE 5 – Structure de la phrase *xale yi nelleewnañu*

5 Conclusion

La première phase du projet consiste à spécifier formellement la grammaire du wolof. Dans la deuxième phase, nous passons à la mise en œuvre informatique du lexique. La dernière phase concerne l'implémentation informatique de l'analyseur proprement dit sous *BlackBox Component Builder*, un système créé par *Oberon Microsystems Inc.* Le langage *Componenent pascal* est une extension du langage de programmation Oberon[4].

Références

LAENZLINGER, C., WEHRLI, E. (1991). Fips un analyseur interactif pour le français *TA*

---

[4] Oberon est un descendant de Pascal et Modula-2 créé en 1985 par Niklaus Wirth et Jürg Gutknecht de ETH Zurich

Switzerland (Wirth, 1985)

informatiosn, 32 :2, pages 35–49 .

MBODJ, C. et ENGUEHARD, C. (2004) Des correcteurs orthographiques pour les langues africaines. *BULAG* (bulletin de linguistique appliquée et générale), 29

POLLOCK, j.-Y (1989). Verb movement universal grammar, and the structure of IP. *LI*, 20(3) , pages 365-424.

SERETAN, V., WEHRLI, E. et NERIMA, L. (2006). Le problème des collocations en TAL. Nouveaux cahiers de linguistiques française, 27.

VOISIN, S. (2010). Les morphèmes *-i* et *-si* en wolof STL(CLAD) (7).

WEHRLI, E. (1991). L'analyse syntaxique des langues naturelles : Problèmes et méthodes. Masson

WEHRLI, E. (2004). Un modèle multilingue d'analyse syntaxique. *In Structures et Discours. Mélanges offerts à Eddy Roulet.* Nota Bena.

WIRTH, N. (1985). ALGORITHME AND DATA STRUCTURES. HTTP://WWW.INF.ETHZ.CH/PERSONAL/WIRTH/BOOKS/ALGORITHME1/AD2012.PDF. [CONSULTE LE 28/03/2012].

Liste des abréviations

EV3S	Emphatique du verbe 3e personne du singulier sujet.
POSS2S	Possessif 2e personne du singulier.
PRES3S	Présentatif 3e personne du singulier sujet .
EL	Morphème de mouvement associé éloignant.
DEF	Déterminant défini singulier
DEF.P	Déterminant défini pluriel.
RAPP	Morphème de mouvement associé approchant
IMP	impératif.
O1S	clitique objet 1e personne du singulier.
O3S	clitique objet 3e personne du singulier.
NAR1P	narratif 1e personne pluriel sujet.
INACC	inaccompli.

Les auteurs

Mar Ndiaye est ingénieur cogniticien et informaticien linguiste formé aux technologies de la connaissance et aux technologies du langage respectivement dans les universités de Grenoble 2,3 et de Genève. Il a été assistant d'enseignement et de recherche au LATL de l'université de Genève de 2001 à 2007. Il enseigne actuellement les systèmes d'information à l'école supérieure de commerce de Dakar.

Cherif Mbodj est directeur du Centre de Linguistique Appliquée de Dakar (UCAD), Sénégal.

Algorithme d'analyse de Fips

entrée

- Soit un graphe dans lequel figurent les constituants déjà construits
- une tête de lecture qui parcourt la phrase de gauche à droite
- un agenda

```
début
    Initialement, le graphe ne contient aucun élément, la tête de lecture pointe sur le
    premier mot de la phrase d'entrée et l'agenda est vide;
    répéter
            Si l'agenda est vide alors
                Lire un mot M;
                pour chaque lecture de M de catégorie X faire
                    Projeter une projection maximale XP;
                    Inserer XP dans le graphe;
                    Ajouter XP à l'agenda;
                fin
            sinon
                Extraire un constituant C de l'agenda ;
                Combiner C avec les constituants dans son contexte
                gauche, à savoir pour tous les contextes gauches Gi de
                C;
                Attacher Gi comme spécificateur de C;
                /* attachement à gauche */
                pour chaque nœud actif Ai de Gi faire
                    attacher C comme complément de Ai
                    /* attachement à droite */
                fin
                Projeter C;
                Compléter les chaînes A-barre et les chaînes clitiques ;
                associées au nœud actif Ai ;
            fin
            Tous les constituants résultant des opérations de combinaison,
            projection et complétion de chaînes sont ajoutés au graphe. De
            plus, ce qui résulte d'une projection ou d'un attachement à gauche
            sont ajoutés à l'agenda;
    jusqu'à ce que la tête de lecture soit en fin de phrase
fin
```

algorithme 1 – coin droit

Formalisation de l'amazighe standard avec NooJ

NEJME Fatima Zahra[1,1] *BOULAKNADEL Siham*[1,2]
(1) LRIT, Faculté des Sciences, Université Mohammed V-Agdal, Rabat, Maroc
(2) IRCAM, Avenue Allal El Fassi, Madinat Al Irfane, Rabat-Instituts, Maroc
fatimazahra.nejme@gmail.com, Boulaknadel@ircam.ma

RÉSUMÉ

Depuis l'antiquité, le patrimoine amazigh est en expansion de génération en génération. Cependant, l'accès au domaine des nouvelles technologies de l'information et de la communication (NTIC) s'avère primordial pour sauvegarder et exploiter ce patrimoine et éviter qu'il soit menacé de disparition.

Dans cette perspective, et dans le but de développer des outils et des ressources linguistiques, nous avons entrepris de construire un module NooJ pour la langue amazighe standard (Ameur et al., 2004). Le présent article propose une formalisation de la catégorie nom permettant de générer à partir d'une entrée lexicale son genre (masculin, féminin), son nombre (singulier, pluriel), et son état (libre, annexion).

ABSTRACT

Formalization of the standard Amazigh with NooJ

Since antiquity, the Amazigh patrimony is expanding from generation to generation. However, the access to the domain of new Information and Communication Technologies (NICT) proves to be primordial to safeguard and exploit this patrimony and to prevent that it will be threatened of disappearance.

In this perspective, and in the context of developing tools and linguistic resources, we undertook to build a module NooJ for the standard Amazigh language. This paper proposes a formalization of the category name allowing to generate from a lexical entrance its gender (male, female), its number (singular, plural), and its status (free, annexation).

MOTS-CLÉS : La langue amazighe, NooJ, Morphologie flexionnelle.

Keywords : Amazigh language, NooJ, Inflectional morphology.

1 Introduction

La langue amazighe du Maroc est considéré comme un constituant éminent de la culture marocaine et ce par sa richesse et son originalité. Cependant il a été longtemps écarté sinon négligé en tant que source d'enrichissement culturel. Mais grâce à la création de l'Institut Royal de la Culture Amazighe (IRCAM), cette langue a pu être aménagée et son introduction assurée dans le domaine public notamment dans l'enseignement, l'administration et les médias. Elle a pu avoir une graphie officielle, un codage propre dans le standard Unicode, des normes appropriées pour la disposition d'un clavier amazighe et des structures linguistiques qui sont en phase d'élaboration avec une démarche progressive. La première phase de cette démarche été initiée par la construction des lexiques (Kamel, 2006; Ameur et al., 2009), l'homogénéisation de l'orthographe et la mise en place des règles de segmentation de la chaîne parlée (Ameur et al., 2006), et par l'élaboration des règles de grammaire (Boukhris et al., 2008). De ce fait elle a eu sa chance de se positionner dans la société globale de l'information.

Cependant, l'amazighe reste encore une parmi les langues peu dotées informatiquement (les langues-π (Berment, 2004)) à cause de la limite des outils informatiques liés à son traitement automatique, ce qui rend difficile son adhésion à ses consœurs dans le domaine des nouvelles technologies de l'information et de la communication (NTIC). Par conséquent, un ensemble de recherches scientifiques et linguistiques sont lancées pour remédier à cette situation. L'un des volets prioritaire de ces recherches, est de concevoir et réaliser des applications capables de traiter d'une façon automatique des données linguistiques.

C'est dans ce contexte, que se situe notre contribution qui s'ajoute aux efforts de la communauté scientifique pour la construction d'outils et de ressources linguistiques en langue amazighe standard du Maroc. L'un de nos objectifs est la formalisation du vocabulaire amazighe : nom, verbe et particules. Dans cet article nous nous sommes restreint dans un premier lieu à la formalisation de la catégorie nom. Pour ce faire, nous avons opté pour l'utilisation de la plateforme linguistique de développement NooJ, compte tenu de ses avantages, pour la construction d'un module pour l'amazighe, dont l'objectif est de l'utiliser dans l'enseignement au Maroc.

Le présent article se structure autour de trois volets: le premier présente un descriptif des particularités de la langue amazighe du Maroc, et le deuxième expose le module NooJ, ainsi qu'un exemple de notre dictionnaire, et de grammaires flexionnelles, alors que le dernier volet est consacré à la conclusion et aux perspectives.

2 Particularités de la langue amazighe

2.1 Historique

L'amazighe connu aussi sous le nom du berbère ou Tamazight (tamazivt), est une famille de langues séparée en deux branches : langues berbères du Nord et du Sud. Elle présente la langue d'une population appelée « Imazighen » qui s'est installée depuis l'antiquité sur un espace géographique allant depuis le Maroc, avec 50% de la population globale (Boukous, 1995), jusqu'à l'Égypte avec environ 27%, en passant par l'Algérie avec 25%, la Tunisie avec 5% à 10%, le Niger et le Mali (Chaker, 2003).

Au Maroc, l'amazighe se répartit selon deux types de dialectes: les dialectes régionaux et les dialectes locaux. Pour le premier type, nous avons trois grandes variétés régionales : le Tarifit au Nord, le Tamazight au Maroc central et au Sud-Est et le Tashelhit au Sud-Ouest et dans le Haut-Atlas. Chacun de ces dialectes comprend des sous-dialectes ou dialectes locaux constituant le deuxième type. A titre d'exemple, le dialecte régional Tamazight contient un ensemble de sous-dialectes, dont nous citerons: le Tamazight de Béni-Mellal, le Tamazight d'Errachidia, le Tamazight de Ait Sadden, etc.

La langue amazighe connaît une grande richesse au niveau de son vocabulaire. Ainsi, un seul sens est rendu de plusieurs façons dans chaque dialecte ou sous-dialecte. Par exemple : tête = « ixf, aqrru, ukhsas, azllif, axshash, ajdjif ».

2.2 Caractéristiques de la langue amazighe standard

Dans cet article, nous allons restreindre notre étude sur l'amazighe standard du Maroc. Depuis quelques années, le Maroc s'est engagé pour réaliser un processus de standardisation[1] de la langue amazighe (Ameur et al., 2004a), qui a pour vocation d'uniformiser les structures et à atténuer les divergences, en éliminant les occurrences non distinctives qui entrainent souvent des problèmes d'intercompréhension. Ce processus de standardisation consiste à :

- adopter une graphie standard normalisée sur une base phonologique ;
- adopter un lexique de base commun ;
- appliquer: les mêmes règles orthographiques, les mêmes consignes pédagogiques, et les mêmes formes néologiques ;
- exploiter la variation dialectale afin de sauvegarder la richesse de la langue.

2.2.1 Système d'écriture

En se basant sur le système original, l'IRCAM a développé un système d'alphabet sous le nom de Tifinaghe-IRCAM (voir annexe 1). Il s'écrit de gauche à droite. Cet alphabet standardisé est basé sur un système graphique à tendance phonologique. Cependant, il ne retient pas toutes les réalisations phonétiques produites, mais uniquement celles qui sont fonctionnelles (Ameur et al., 2004b). Il est composé de 27 consonnes, 2 semi-consonnes, 3 voyelles pleines et une voyelle neutre.

A partir de ces propriétés morphologiques, l'amazighe peut être considéré comme une langue complexe dont les mots peuvent être classés en trois catégories morpho-syntaxiques : nom, verbe et particules (Boukhris et al., 2008).

2.2.2 Nom

En amazighe, le nom est une unité lexicale formée d'une racine et d'un schème. Il possède deux caractéristiques, la première est qu'il peut prendre différentes formes à savoir: une forme simple (argaz "homme"), forme composée (ⵟⵓⵔⵣⵣⵓⴼ "la famine") ou bien forme dérivée (ⴰⵎⵙⴰⵡⴰⴹ "la communication"). La deuxième caractéristique correspond à la variation, il varie en genre (féminin, masculin), en nombre (singulier, pluriel) et en état (libre, annexion).

1. Le genre : le nom amazighe connaît deux genres, le masculin et le féminin.

Le nom masculin: il commence généralement par une des voyelles initiales: ⴰ 'a', ⵉ 'i' ou bien ⵓ 'u', à titre d'exemple: ⵓⴷⵎ "visage", ⵉⵅⴼ "tête". Cependant, il existe certains nom qui font l'exception: ⵉⵎⵎⴰ "(ma) mère", ⵉⵍⵍⵉ "(ma) fille", ⵓⵍⵜⵎⴰ "(ma) sœur".

[1] La standardisation de l'amazighe s'impose d'autant plus avec son introduction dans le système éducatif, et avec le rôle que cette langue est appelée à jouer « dans l'espace social, culturel et médiatique, national, régional et local » (cf. article 2 du Dahir portant création de l'IRCAM).

Le nom féminin : celui-ci est généralement de la forme ⵜ....ⵜ 't....t', à l'exception de certains noms qui ne portent que le ⵜ initial ou le ⵜ final du morphème du féminin: ⵜⴰⴷⵍⴰ "gerbe", ⵄⵄⵎⵓⵢⵜ "fatigue". Dans le cas général, le féminin est formé à partir du radical d'un nom masculin par l'ajout du morphème discontinue ⵜ....ⵜ 't....t' : ⵉⵙⵍⵉ 'marié'-> ⵜⵉⵙⵍⵉⵜ 'mariée'. Dans le cas des noms composés, le féminin est formé par une préfixation du morphème à valeur attributive (ⴱⵓ "celui à / ayant"), à valeur d'appartenance ou d'affiliation (ⵓ, ⴰⵢⵜ "celui / ceux appartenant à, relevant de"): ⴱⵓ ⵉⴽⵍⵍⴰⵏ "menteur" -> ⵎ ⵉⴽⵍⵍⴰⵏ "menteuse".

2. Le nombre : le nom amazighe, qu'il soit masculin ou féminin, possède un singulier et un pluriel. Ce dernier est obtenu selon trois types: le pluriel externe, pluriel interne et le pluriel mixte.

Le pluriel externe : le nom ne subit aucune modification interne, et le pluriel est obtenue par une alternance vocalique accompagné par une suffixation de 'ⵏ' ou une de ses variantes (ⵉⵏ, ⴰⵏ, ⴰⵢⵏ, ⵡⵏ, ⴰⵡⵏ, ⵡⴰⵏ, ⵡⵉⵏ, ⵜⵏ, ⵢⵉⵏ): ⴰⵅⵅⴰⵎ -> ⵉⵅⵅⴰⵎⵏ "maisons", ⵜⴰⵔⴱⴰⵜ -> ⵜⵉⵔⴱⴰⵜⵉⵏ "filles".

Le pluriel interne (ou brisé): le pluriel brisé est obtenue par une alternance vocalique plus un changement de voyelle internes (ⴰⴷⵔⴰⵔ -> ⵉⴷⵓⵔⴰⵔ "montagnes").

Le pluriel mixte: ce pluriel est formé par une alternance d'une voyelle interne et/ou d'une consonne plus une suffixation par 'ⵏ' (ⵉⵍⵉ "part"-> ⵉⵍⴰⵏ "parts"); ou bien par une alternance vocalique initiale accompagné d'un changement vocalique final a 'a' plus une alternance interne (ⴰⵎⴳⴳⴰⵔ "dernier" -> ⵉⵎⴳⴳⵓⵔⴰ "derniers").

Le pluriel en ⵉⴷ : ce type de pluriel est obtenu par une préfixation de ⵉⴷ du nom au singulier. Il est appliqué à un ensemble de cas de noms à savoir : des noms à initiale consonantique, des noms propres, des noms de parenté, des noms composés, des numéraux, ainsi que pour les noms empruntés et intégrés (ⵅⴰⵍⵉ "(mon) oncle"-> ⵉⴷ ⵅⴰⵍⵉ).

3. L'état : nous distinguons deux états pour les noms amazighs, l'état libre (EL.) et l'état d'annexion (EA.).

L'état libre : dans cet état, la voyelle initiale du nom ne subit aucune modification: ⴰⵔⴳⴰⵣ "homme", ⵜⴰⵎⵓⵔⵜ "terre, pays". Le nom est en état libre lorsqu'il s'agit : d'un mot isolé de tout contexte syntaxique, d'un complément d'objet direct, ou bien d'un complément de la particule prédictive ⴷ "c'est".

L'état d'annexion : cet état est fondé sur une modification de l'initiale du nom dans des contextes syntaxiques déterminés. Il prend l'une des formes suivantes: alternance vocalique a/u au cas des noms masculins (ⴰⵔⴳⴰⵣ "homme" -> ⵓⵔⴳⴰⵣ), chute de la voyelle initiale au cas des noms féminins (ⵜⴰⵎⵖⴰⵔⵜ "femme" -> ⵜⵎⵖⴰⵔⵜ), addition d'un ⵡ ou ⵢ aux noms à voyelle ⴰ ou ⵉ (ⵉⵍⵙ "langue" -> ⵢⵉⵍⵙ), maintien de la voyelle initiale a avec apparition de la semi-consonne ⵡ seulement au cas du masculin; le féminin ne subit aucune modification (ⴰⵙⵙ "jour" -> ⵡⴰⵙⵙ [masc.], ⵜⴰⴷⴷⴰⵔⵜ "maison" -> ⵜⴰⴷⴷⴰⵔⵜ [femin.]). L'état d'annexion est réalisé dans les contextes syntaxiques suivants : lorsque le sujet lexical suit le verbe, après une préposition, et après un coordonnant.

2.2.3 Verbe

En amazighe, le verbe peut prendre deux formes : simple ou dérivée. Le verbe simple est composé d'une racine et d'un radical. Par contre le verbe dérivé est obtenu à partir des verbes simples par une préfixation de l'un des morphèmes suivants : ⵙ/ ⵙⵙ, ⵜⵜ et ⵎ/ ⵎⵎ. La première forme (ⵙ/ ⵙⵙ) correspond à la forme factitive ou la forme en ⵙ, la deuxième marque la forme passive ou la forme en ⵜⵜ, et la troisième désigne la forme réciproque ou en ⵎ. Le verbe, qu'il soit simple ou dérivé, se conjugue selon quatre thèmes : l'aoriste, l'inaccompli, l'accompli positif et l'accompli négatif.

2.2.4 Particule

Les particules sont un ensemble de mots amazighs qui ne sont ni des noms, ni des verbes, et jouent un rôle d'indicateurs grammaticaux au sein d'une phrase. Cet ensemble est constitué de plusieurs éléments à savoir :

- Les particules d'aspect, d'orientation et de négation;
- Les pronoms indéfinis, démonstratifs, possessifs et interrogatifs;
- Les pronoms personnels autonomes, affixes sujet, affixes d'objet direct et indirect, compléments du nom ordinaire et de parenté, compléments de prépositions;
- Les adverbes de lieu, de temps, de quantité et de manière;
- Les prépositions;
- Les subordonnants et les conjonctions.

3 Module NooJ pour L'Amazighe

« NooJ (Silberztein, 2007) est une plateforme de développement linguistique qui offre un ensemble d'outils et méthodologies permettant de formaliser des langues tout en construisant, gérant et accumulant un grand nombre d'application de traitement automatique des langues (TAL), et les appliquant à des corpus de taille importante». Il permet de formaliser différents niveaux et composantes des langues naturelles, à savoir: l'orthographe, la morphologie (flexionnelle et dérivationnelle), le lexique (de mots simples, mots composés et expressions figées), la syntaxe locale et désambigüisation, la syntaxe, la sémantique et les ontologies. Pour chacun de ces niveaux, NooJ propose une méthodologie, un ou plusieurs formalismes adaptés, des outils-logiciels de développement et un ou plusieurs analyseurs automatiques de textes.

Actuellement, les utilisateurs de NooJ forment un public très varié en extension, ce qui a permis de développer des ressources linguistiques à large couverture dans une vingtaine de langues (arabe, arménien, bulgare, catalan, chinois, anglais, français, hébreu, hongrois, italien, polonais, portugais, espagnol, vietnamien et biélorusse).

Compte tenu de ces avantages, nous avons entrepris de construire un module NooJ pour la langue amazighe. Notre but est la fomalisation du vocabulaire de cette langue. Cependant, dans cette contribution nous visons une formalisation de la catégorie nom permettant ainsi de générer à partir d'une entrée lexicale son genre (masculin, féminin), son nombre (singulier, pluriel), et son état (libre, annexion). A cet effet, nous avons construit un exemple de dictionnaire contenant un ensemble de noms de test. Chaque nom est associé à un ensemble d'informations linguistiques, tels que la catégorie grammaticale, le paradigme flexionnel. Ce paradigme est décrits et stocké dans des grammaires flexionnelles, et permet de reconnaître toutes les formes fléchies correspondantes.

3.1 Formalisation des règles morphologiques

Cette étude présente l'implémentation des règles de flexion permettant de générer à partir d'un nom ses informations flexionnelles : genre, nombre et état.

Ainsi, nous avons formalisé ces paradigmes flexionnel à l'aide d'une collection de graphes et de sous graphes présentant des grammaires flexionnelles qui décrivent les modèles de flexion en amazighe (genre, nombre et état), et qui sont stockées dans le fichier des flexions « Flexion.nof » qui se présente comme suit :

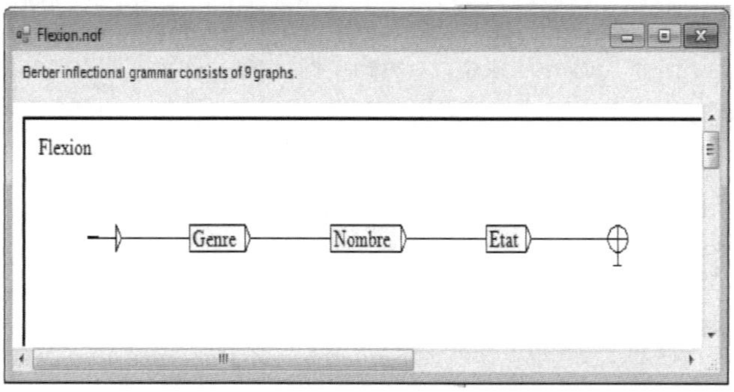

FIGURE 1 – Paradigme flexionnel

Ce graphe contient trois sous graphes: le premier « Genre » présente le genre, le deuxième « Nombre » concerne le suffixe du nombre, et le troisième « Etat » qui présente l'état d'annexion. Chaque formalisation de sous graphe peut contenir un ou bien plusieurs sous graphes. Ces formalisations sont basées sur l'utilisation de certaines commandes génériques prédéfinies: <LW> déplacement au début du lemme, <RW> déplacement à la fin du lemme, <R> déplacement vers la droite, <S> suppression du caractère courant.

3.1.1 Genre

Afin de formaliser le genre, nous avons construit ce graphe qui permet de générer à partir d'un nom masculin son correspondant féminin. La règle consiste à ajouter le morphème discontinu + 't' au début et à la fin du nom.

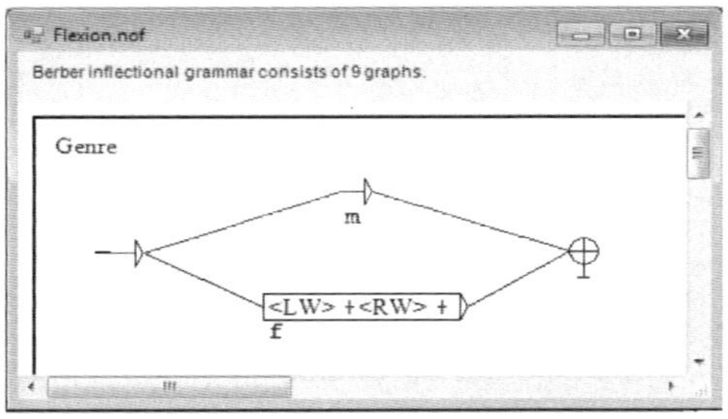

FIGURE 2 – Sous graphe Genre

3.1.2 Nombre

En amazighe, le pluriel prend trois formes variées : le pluriel externe, pluriel interne et le pluriel mixte. Pour chacun de ces types, Les formes du pluriel sont nombreuses et généralement imprévisibles, ce qui rend cette langue assez complexe au niveau morphologique. Dans cet article, nous avons choisi de consacrer plus d'importance au pluriel externe (ou régulier). Le pluriel externe est formé, généralement, par une alternance vocalique accompagné par une suffixation de 'ⵏ' ou une de ses variantes (ⵉⵏ, ⴰⵏ, ⴰⵢⵏ, ⵡⵏ, ⴰⵡⵏ, ⵡⴰⵏ, ⵡⵉⵏ, ⵜⵏ, ⵢⵉⵏ).

Notre approche tient compte de formaliser une quantité suffisante de descriptions de suffixations. Ainsi, Nous nous sommes basés pour l'implémentation des règles flexionnelles sur les travaux de (Boukhris et al., 2008) et ceux de (Oulhaj, 2000). Nous allons spécifier deux catégories :

Noms masculins :

Étant donné que les noms masculins commencent généralement par l'une des voyelles : 'ⴰ', 'ⵉ', 'ⵓ', l'alternance vocalique ne concerne dans ce cas que les noms commençant par un 'ⴰ' qui va se transformer en 'ⵉ'. Or, pour la suffixation, nous avons pu définir quatre règles générales, que nous avons adoptés afin d'établir les formes fléchies :

1. La première: si le nom est monosyllabique, il y a une suffixation de l'indice 'ⴰⵡⵏ' : ⵉⵅⴼ (tête) -> ⵉⵅⴼⴰⵡⵏ.

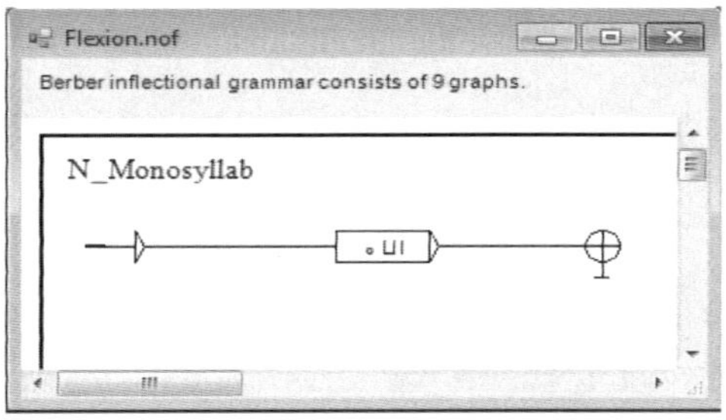

FIGURE 3 – Pluriel des noms monosyllabiques

2. La deuxième: si le nom commence et se termine par 'ⵉ' nous ajoutons une suffixation de 'ⴰⵏ': ⵉⵙⵍⵉ (marié)-> ⵉⵙⵍⴰⵏ.

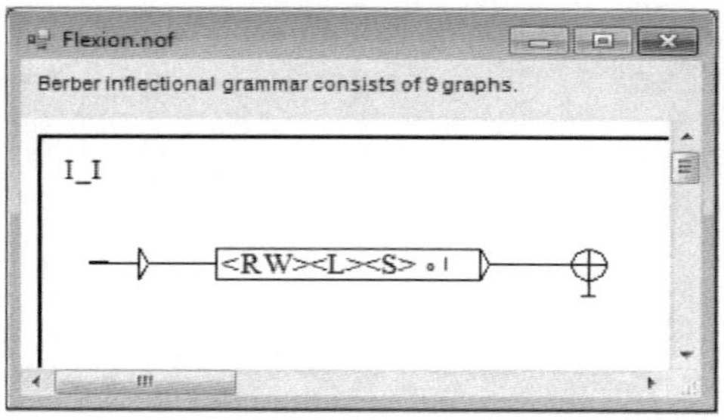

FIGURE 4 – Pluriel des noms en 'ⵉ...ⵉ'

3. La troisième: si le nom commence et se termine par 'ⴰ', la voyelle initiale se transforme en 'ⵉ', et une suffixation de l'indice 'ⵜⵏ' est appliqué: ⴰⵙⵉⵔⴰ (bureau)-> ⵉⵙⵉⵔⴰⵜⵏ.

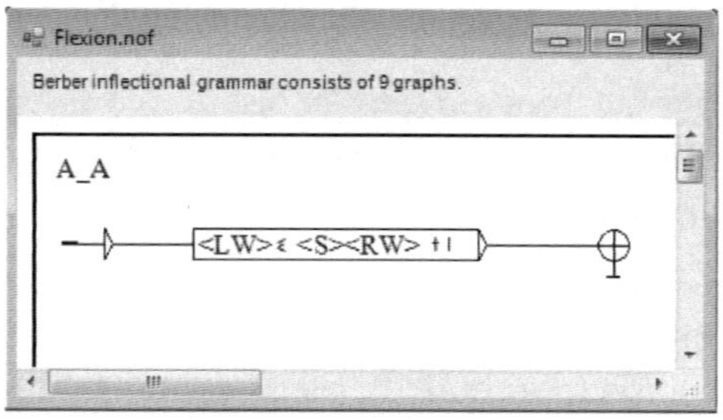

FIGURE 5 – Pluriel des noms en 'ⴰ...ⴰ'

4. La quatrième: si le nom commence par 'ⴰ' et se termine par une consonne, la voyelle initial se transforme en 'ⵉ' et une suffixation de 'ⵏ' est appliqué: ⴰⴷⵍⵉⵙ (livre)-> ⵉⴷⵍⵉⵙⵏ.

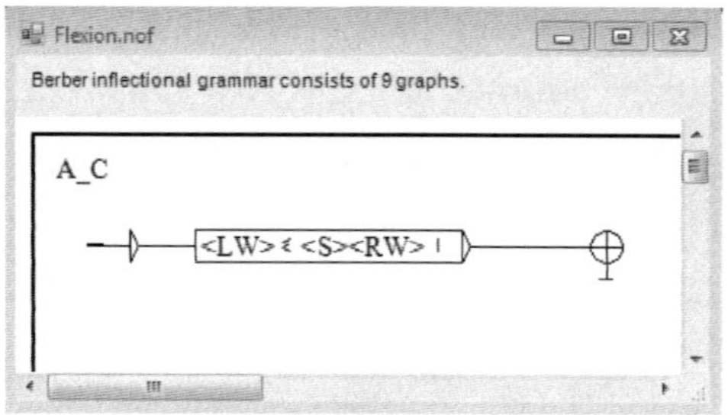

FIGURE 6 – Pluriel des noms en 'ⴰ...c' (c : consonne)

Noms féminins :

Le nom féminin commence et se termine par un 'ⵜ'. Ainsi, nous avons défini deux critères à la base de deux lettres, la lettre qui suit le premier 'ⵜ' et l'autre qui précède le dernier 'ⵜ'.

1. Le premier : si le nom est de la forme 'ⵜⴰ...vⵜ' (v : voyelle), la voyelle 'ⴰ' est transformé en 'ⵜ' et une suffixation de 'ⵉⵏ' est appliquée.

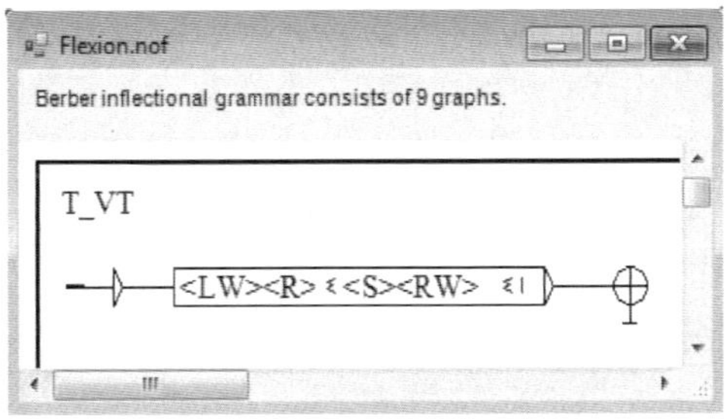

FIGURE 7 – Pluriel des noms féminins 'ⵜⴰ...vⵜ' (v : voyelle)

2. Le deuxième : si le nom est de la forme 'ⵜⴰ...cⵜ' (c : consonne), la voyelle 'ⴰ' est transformé en 'ⵉ', le dernier 'ⵜ' est supprimé, et une suffixation de l'indice 'ⵉⵏ' est appliquée.

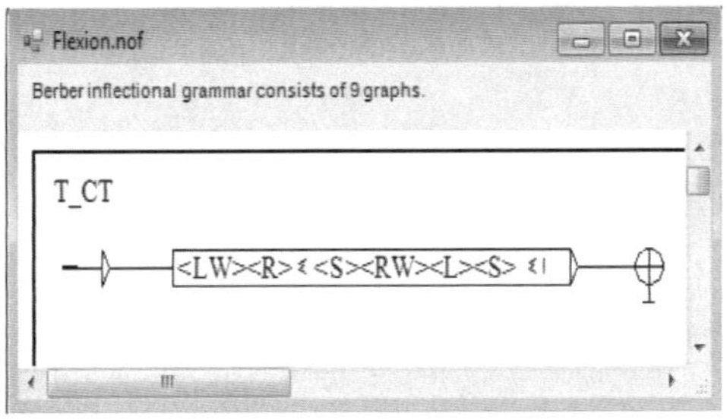

FIGURE 8 – Pluriel des noms féminins 'ⵜⴰ...c ⵜ' (c : consonne)

3.1.3 État

Afin de formaliser l'état d'annexion, nous avons distingué deux cas: le cas masculin et le cas féminin.

- Le nom masculin : l'état d'annexion est défini par modification de l'initiale du nom dans des contextes syntaxiques déterminés. Nous citerons le cas de l'initiale 'ⵉ', la règle consiste à ajouter un 'ⵢ' au début du nom, il devient 'ⵢⵉ': ⵉⵣⵉ (mouche)-> ⵢⵉⵣⵉ.

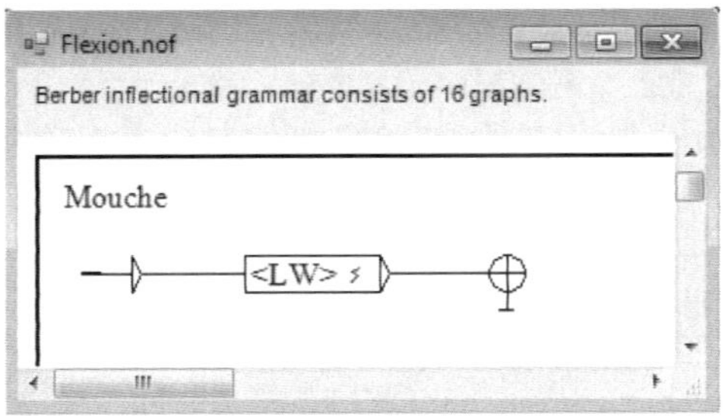

FIGURE 9 – Graphe du paradigme flexionnel « Mouche »

- Le cas féminin est défini par la chute de la voyelle initiale : ⵜⴰⵎⵓⵔⵜ (pays)-> ⵜⵎⵓⵔⵜ.

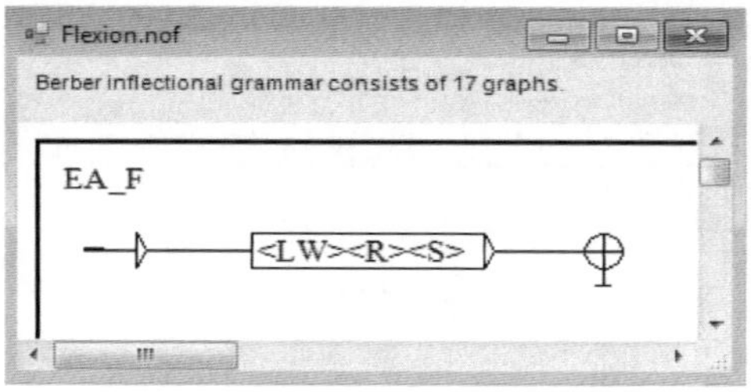

FIGURE 10 – État d'annexion des noms féminins

Conclusion et perspectives

Cet article décrit une formalisation de la catégorie nom en langue amazighe standard, au sein de l'environnement linguistique de développement NooJ. Cette démarche permet de générer à partir d'une entrée lexicale son genre, son nombre et son état. Ainsi, nous avons construit un dictionnaire contenant un ensemble de noms, accompagnés d'un ensemble de grammaires présentant le paradigme flexionnel et permettant de reconnaître toutes les formes fléchies correspondantes.

Certes, le développement de cet outil ne présente qu'une étape préliminaire pour notre but qui est la formalisation du vocabulaire amazighe.

Références

AMEUR M., BOUMALK A. (DIR) (2004a). Standardisation de l'amazighe, Actes du séminaire organisé par le Centre de l'Aménagement Linguistique à Rabat, 8-9 décembre 2003, Publication de l'Institut Royal de la Culture Amazighe, Série : Colloques et séminaires.

AMEUR M., BOUHJAR A., BOUKHRIS F., BOUKOUSS A., BOUMALK A., ELMEDLAOUI M., IAZZI E., SOUIFI H. (2004b). Initiation à la langue amazighe. Rabat, Maroc: IRCAM.

AMEUR M., BOUHJAR A., BOUKHRIS F., BOUKOUSS A., BOUMALK A., ELMEDLAOUI M., IAZZI E. (2006). Graphie et orthographe de l'amazighe. Rabat, Maroc : IRCAM.

AMEUR M., BOUHJAR A., BOUMALK A., EL AZRAK N., LAABDELAOUI R. (2009). Vocabulaire de la langue amazighe (amazighe-arabe). Rabat, Maroc: IRCAM.

BERMENT V. (2004). Méthodes pour informatiser des langues et des groupes de langues peu dotées, Thèse de doctorat de l'Université J. Fourier - Grenoble I, France.

BOUKHRIS F., BOUMALK A., ELMOUJAHID E., SOUIFI H. (2008). La nouvelle grammaire de l'amazighe. Rabat, Maroc: IRCAM.

BOUKOUS A. (1995), Société, langues et cultures au Maroc: Enjeux symboliques, Casablanca, Najah El Jadida.

CHAKER S. (2003), Le berbère, Actes des langues de France, 215-227.

GREENBERG J. (1966). The Languages of Africa. Mouton, USA: The Hague.

KAMEL S. (2006). Lexique Amazighe de géologie. Rabat, Maroc: IRCAM.

OULHAJ L. (2000). GRAMMAIRE DU TAMAZIGHT. IMPRIMERIE NAJAH ELJADIDA

SILBERZTEIN MAX. 2007. An Alternative Approach to Tagging. NLDB 2007: 1-11.

Annexe

Annexe 1 : Tableau officiel de l'alphabet Tifinaghe-IRCAM

	TIFINAGHE	Correspondance latine	Correspondance arabe	Exemples
ya	ⴰ	a	ا	ⴰⴷⵔⴰⵔ
yab	ⴱ	b	ب	ⴰ ⴱⵔⵉⴷ
yag	ⴳ	g	گ	ⴰⴳⵎⴰⵔ
yagʷ	ⴳⵯ	gʷ	گٗ	ⴰⵣⴳⴳⵯⴰⵖ
yad	ⴷ	d	د	ⴰⴼⵓⴷ
yaḍ	ⴹ	ḍ	ض	ⴰ ⴹⴰⵕ
yey	ⴻ	e		ⵜⴻⵜⵜⵔ
yaf	ⴼ	f	ف	ⴰⴼⵓⵙ
yak	ⴽ	k	ک	ⴰⴽⵕⴽⵓⵕ
yakʷ	ⴽⵯ	kʷ	کٗ	ⴰⵎⴷⴷⴰⴽⵯⵍ
yah	ⵀ	h	ه	ⴰⵀⴷⴷⵓⵏ
yaḥ	ⵃ	ḥ	ح	ⴰⵃⵉⴷⵓⵙ
yaɛ	ⵄ	ɛ	ع	ⴰⵄⴱⴰⵏ
yax	ⵅ	x	خ	ⵜⵉⵅⵙⵉ
yaq	ⵇ	q	ق	ⴰⵇⵕⴰⴱ
yi	ⵉ	i	ي	ⵉⵎⵉ
yaj	ⵊ	j	ج	ⴰⵎⵊⵊⵓⴹ
yal	ⵍ	l	ل	ⴰⵎⵍⴰⵍ
yam	ⵎ	m	م	ⴰⵎⴰⵏ
yan	ⵏ	n	ن	ⵉⵔⴷⵏ
yu	ⵓ	u	و	ⵓⴷⵎ
yar	ⵔ	r	ر	ⵓⵔⴰⵔ
yaṛ	ⵕ	ṛ	ڔ	ⴱⵕⵕⴰ
yaɣ	ⵖ	ɣ	غ	ⴰⵖⵕⵓⵎ
yas	ⵙ	s	س	ⵉⵍⵙ
yaṣ	ⵚ	ṣ	ص	ⵚⵚⴰⴱⵜ
yac	ⵛ	c	ش	ⴰⵛⵡⵡⴰⵍ
yat	ⵜ	t	ت	ⵜⵓⵙⵙⵏⴰ
yaṭ	ⵟ	ṭ	ط	ⵜⵉⵟⵟ
yaw	ⵡ	w	ۉ	ⴰⵡⴰⵍ
yay	ⵢ	y	ي	ⴰⵢⵢⵉⵙ
yaz	ⵣ	z	ز	ⴰⵎⴰⵣⵉⵖ
yaẓ	ⵥ	ẓ	ژ	ⵉⵥⵉ

Décrire la morphologie des verbes en ikota au moyen d'une métagrammaire

Denys Duchier[1] Brunelle Magnana Ekoukou[2] Yannick Parmentier[1]
Simon Petitjean[1] Emmanuel Schang[2]

(1) LIFO, Université d'Orléans - 6, rue Léonard de Vinci 45067 Orléans Cedex 2
(2) LLL, Université d'Orléans - 10, rue de Tours 45067 Orléans Cedex 2

prenom.nom@univ-orleans.fr

RÉSUMÉ

Dans cet article, nous montrons comment le concept des métagrammaires introduit initialement par Candito (1996) pour la conception de grammaires d'arbres adjoints décrivant la syntaxe du français et de l'italien, peut être appliquée à la description de la morphologie de l'ikota, une langue bantoue parlé au Gabon. Ici, nous utilisons l'expressivité du formalisme XMG (eXtensible MetaGrammar) pour décrire les variations morphologiques des verbes en ikota. Cette spécification XMG capture les généralisations entre ces variations. Afin de produire un lexique de formes fléchies, il est possible de compiler la spécification XMG, et de sauvegarder le résultat dans un fichier XMG, ce qui permet sa réutilisation dans des applications dédiées.

ABSTRACT

Describing the Morphology of Verbs in Ikota using a Metagrammar

In this paper, we show how the concept of metagrammar originally introduced by Candito (1996) to design large Tree-Adjoining Grammars describing the syntax of French and Italian, can be used to describe the morphology of Ikota, a Bantu language spoken in Gabon. Here, we make use of the expressivity of the XMG (eXtensible MetaGrammar) formalism to describe the morphological variations of verbs in Ikota. This XMG specification captures generalizations over these morphological variations. In order to produce the inflected forms, one can compile the XMG specification, and save the resulting electronic lexicon in an XML file, thus favorising its reuse in dedicated applications.

MOTS-CLÉS : Métagrammaire, morphologie, ikota.

KEYWORDS: Metagrammar, Morphology, Ikota.

1 Introduction

Les langues bantoues (ou bantu) forment une vaste famille de langues africaines. Dans cette famille, le chichewa et le (ki)swahili ont déjà fait l'objet de nombreuses études et sont utilisées comme étalons pour juger de l'expressivité et de la pertinence de théories morphologiques (Mchombo, 1998; Stump, 1992, 1998, 2001) ainsi que de leur implémentation (Roark et Sproat, 2007).

L'ikota (B25) est une langue assez peu décrite du Gabon et de la République Démocratique du Congo. Langue du peuple Kota, avec un nombre de locuteurs estimé à 25000 au Gabon (Idiata, 2007), l'ikota est menacé d'extinction principalement en raison de l'influence du français (langue officielle du Gabon).

Cette langue manifeste de nombreux traits partagés par les langues bantoues (Piron, 1990; Magnana Ekoukou, 2010) :

- l'ikota est une *langue tonale* avec deux tons (Haut et Bas) :

(1) a. ìkàká "famille"
 b. ìkákà "paume"

(2) a. nkúlá "année"
 b. nkúlà "pygmée"

- L'ikota a dix *classes nominales* (les numéros des classes dans le Tableau ci-dessous correspondent à la numérotation de Meinhof) :

TABLE 1 – Classes nominales de l'ikota

classe nominale	préfixe	allomorphes
CL 1	mò-, Ø-	mw-, ǹ-
CL 2	bà-	b-
CL 3	mò-, Ø-	mw-, ǹ-
CL 4	mè-	
CL 5	ì-, ʤ-	dy-
CL 6	mà-	m-
CL 7	è-	
CL 8	bè-	
CL 9	Ø-	
CL 14	ò-, bò-	bw

- l'ikota a un *accord généralisé dans le SN* :

(3) **b**-àyítò **bá**-nɛ́nì **b**-á Ø-mbókà **bà**-tɛ́ **b**-à-ʤá
Cl.2-femmes Cl.2-grosses Cl.2-du Cl.9-village Cl.2-DEM Cl.2-Présent-mangent

"Ces grosses femmes du village mangent"

Dans cet article, nous ne traitons que la morphologie verbale.

Production d'un lexique de formes fléchies. Notre intention est double : premièrement de fournir une description formelle de la morphologie des verbes en ikota ; deuxièmement, de dériver automatiquement à partir de cette description un lexique de formes fléchies. Dans ce but, nous proposons d'adopter le concept de métagrammaire qui fut introduit par (Candito, 1996) et utilisé pour décrire la syntaxe de langues Indo-Européennes, telles que le français, l'anglais or l'italien. Les grammaires d'arbres lexicalisées à large couverture pour des langues naturelles sont très larges et sont extrêmement gourmandes en ressources pour leur développement et leur maintenance. Pour cette raison, elles sont souvent produites automatiquement par un logiciel à partir d'une description formelle hautement modulaire appelée une métagrammaire. Celle-ci est beaucoup plus facile à développer et à maintenir.

Nous proposons d'adopter une stratégie similaire pour capturer les généralisation morphologiques des verbes en ikota. Le plan de l'article est le suivant. En Section 2, nous donnons une présentation détaillée de la morphologie des verbes en ikota. En Section 3, nous présentons XMG (*eXtensible MetaGramar*), un langage formel utilisé pour décrire et combiner des fragments descriptifs réutilisables. En Section 4, nous montrons comment utiliser le cadre offert par XMG pour décrire la morphologie des verbes en ikota. Concrètement, nous présentons une métagrammaire des verbes en ikota que nous avons également codée dans le langage XMG, et qui produit un lexique de formes verbales fléchies. Finalement, en Section 5, nous présentons nos conclusions et perspectives.

2 Les verbes en ikota

Les verbes sont constitués d'une racine lexicale (RV) et de plusieurs affixes de chaque côté de la RV. La description linguistique de l'ikota elle-même étant encore en cours, nous nous focaliserons ici sur les formes verbales de base, en laissant de côté ici les marqueurs de Mode et Voix ainsi que la négation.

Décrivons maintenant les formes infinitives et les trois classes verbales de l'ikota.

Les verbes en ikota sont répartis en trois classes qui dépendent de la forme des marqueurs de l'Aspect et de l'Actif. L'infinitif en ikota constitue une classe hybride. Il est composé d'un préfixe de classe nominale (classe 14) et d'un élément verbal (RV+Prog+Actif).

(4) a. bòʤákà "manger"
 b. bòwɛ́ʧɛ̀ "donner"
 c. bòbɔ́nɔ́kɔ̀ "choisir"

Les exemples (4) illustrent les trois classes verbales.

Il semble toutefois, que le suffixe (Prog+Actif) ait une forme sous-jacente VkV. Dans la variante de l'ikota parlée à Makokou, /k/ est réalisé par [ʧ] quand la voyelle est [ɛ]. Dans la variété dite "standard" de l'ikota, la forme est ɛ́kɛ̀.

Au niveau sous-jacent, la structure du suffixe infinitival se réduit à AKA, avec trois réalisations de surface distinctes ákà, ɛ́ʧɛ̀, ɔ́kɔ̀.

Les exemples ci-dessous illustrent la conjugaison de bòʤákà "manger", un exemple typique de la classe verbale *aka* (dans les exemples ci-dessous, on utilise les 4 valeurs suivantes de *proximité*, *imminent*, *jour*, *proche*, *distant*) :

(5) m-à-ʤ-á ǹlɛ́sì
 1sg-Présent-manger-Actif riz
 "Je mange du riz" (Présent)

(6) a. m-à-ʤ-á-ná yàná
1sg-Passé-manger-Actif-Jour hier
"J'ai mangé hier" (Passé (hier))

b. m-à-ʤ-á-sá kúlá mwáyèkànàmwɛ́
1sg-Passé-manger-Actif-Distant année dernière
"J'ai mangé l'année dernière" (Passé Distant)

c. m-é-ʤ-á ǹlɛ́sì
1sg-Passé-manger-Actif riz
"J'ai mangé du riz" (Passé Récent)

(7) a. m-é-ʤ-àk-à ǹlɛ́sì
1sg-Futur-manger-Inaccompli-Actif riz
"Je mangerai du riz" (Futur Moyen)

b. m-é-ʤ-àk-à-ná yàná
1sg-Futur-manger-Inaccompli-Actif-Jour demain
"Je mangerai demain" (Futur (demain))

c. m-é-ʤ-àk-à-sá kúlá mwáyàkàmwɛ́
1sg-Futur-manger-Inaccompli-Actif-Distant année prochaine
"Je mangerai l'année prochaine" (Futur Distant)

d. m-ábí-ʤ-àk-à òsátè
1sg-Futur-manger-Inaccompli-Actif bientôt
"Je mangerai bientôt" (Futur Imminent)

Comme on peut le déduire des exemple ci-dessus, l'ordre des affixes verbaux de l'ikota peut être défini en terme de position. De gauche à droite :

- la classe des préfixes d'accord du Sujet occupe la position la plus à gauche, au début du mot.
- les préfixes de Temps (ou ce que l'on peut plus ou moins identifier comme ayant rapport au Temps) apparaissent à la gauche de la RV.
- le marqueur du progressif est immédiatement à droite de la RV.
- le suffixe de l'Actif occupe le champ à la gauche du Proximal. Il a deux valeurs : Actif et Passif. l'Applicatif et le Causatif seront traités dans des travaux ultérieurs.
- le suffixe du Proximal/Distal occupe la position la plus à droite.

Le Tableau 3 donne le schéma formé par la RV et ses affixes, et le Tableau 2 illustre ce schéma pour bòʤákà "manger".

3 eXtensible MetaGrammar

eXtensible MetaGrammar (XMG) (MétaGrammaire eXtensible) fait référence à la fois à un langage formel (du type langage de programmation) et à un logiciel, appelé compilateur, qui

TABLE 2 – Formes verbales de bòʤákà "manger"

Sujet	Temps	RV	Aspect	Actif	Prox.	Valeur
m-	à-	ʤ		-á		présent
m-	à-	ʤ		-á	-ná	passé, hier
m-	à-	ʤ		-á	-sá	passé distant
m-	é-	ʤ		-á		passé récent
m-	é-	ʤ	-àk	-à		futur moyen
m-	é-	ʤ	-àk	-à	-ná	futur, demain
m-	é-	ʤ	-àk	-à	-sá	futur distant
m-	ábí-	ʤ	-àk	-à		futur imminent

TABLE 3 – Formation du verbe

Sujet-	Temps-	RV	-(Aspect)	-Actif	-(Proximal)

traite les descriptions écrites dans le langage XMG (Crabbé et Duchier, 2004).

XMG est normalement utilisé pour décrire des grammaires d'arbres lexicalisées. En d'autre mots, une spécification XMG est une description déclarative de structures arborées qui composent la grammaire. Contrairement aux approches antérieures des métagrammaires (notamment (Candito, 1996)), une caractéristique importante du langage XMG est sa déclarativité. XMG offre ainsi au linguiste un langage simple d'utilisation. Concrètement, une description XMG s'appuie sur quatre concepts principaux : (1) **abstraction** : la capacité de donner un nom à un contenu, (2) **contribution** : la capacité à accumuler des informations dans n'importe quel niveau de description linguistique, (3) **conjonction** : la capacité de combiner des éléments d'information, (4) **disjonction** : la capacité de sélectionner de manière non-déterministe des éléments d'information.

Formellement, on peut définir une spécification XMG ainsi :

$$\begin{aligned} \textit{Règle} &:= \textit{Nom} \rightarrow \textit{Contenu} \\ \textit{Contenu} &:= \textit{Contribution} \mid \textit{Nom} \mid \\ & \textit{Contenu} \vee \textit{Contenu} \mid \textit{Contenu} \wedge \textit{Contenu} \end{aligned}$$

Une abstraction est exprimée par une règle de réécriture qui associe un *Contenu* avec un *Nom*. Un tel contenu est soit la *Contribution* d'un fragment de description linguistique (p.e. un fragment d'arbre contribué à la description de la syntaxe), ou une abstraction existante, ou une conjonction ou disjonction de contenus.

Une abstraction en particulier, doit être spécifiquement identifiée comme l'axiome de la métagrammaire. Le compilateur XMG part de cet axiome et utilise les règles de réécriture pour produire une dérivation complète. Quand une disjonction est rencontrée, elle est interprétée comme offrant plusieures alternatives pour continuer : le compilateur explore successivement chaque alternative. De cette manière, l'exécution d'une métagrammaire produit typiquement de nombreuses dérivations. Le long d'une dérivation, les contributions sont simplement accumulées de manière conjonctive. À la fin de la dérivation, cette accumulation de contributions est interprétée comme une spécification et donnée à un résolveur pour produire des structures solutions. La collection de toutes les structures produites de cette manière forme la grammaire résultante. Celle-ci peut être inspectée grâce à un outil graphique, ou bien exportée au format XML.

Le compilateur XMG est disponible librement sous une licence compatible avec la GPL, et est fourni avec une documentation raisonnable. [1] Il a été utilisé pour concevoir, entre autres, de vastes grammaires arborées pour le français (Crabbé, 2005; Gardent, 2008), l'anglais (Alahverdzhieva, 2008) et l'allemand (Kallmeyer *et al.*, 2008).

XMG a été spécifiquement conçu pour écrire des grammaires arborées, hautement modulaires, à large couverture, couvrant à la fois l'expression syntaxique et le contenu sémantique. Bien qu'XMG n'ait jamais été prévu pour exprimer la morphologie, notre projet (travail en cours) démontre qu'il peut-être réutilisé facilement pour cette tâche, tout du moins dans le cas d'une langue agglutinante comme l'ikota.

4 Métagrammaire de la morphologie verbale de l'ikota

Notre formalisation de la morphologie verbale de l'ikota s'inspire du modèle Paradigm-Function Morphology (Stump, 2001) qui repose sur le concept de classes de positions. Plus précisément, nous empruntons la notion de *domaine topologique* à la tradition de la syntaxe descriptive de l'allemand (Bech, 1955) pour instancier ces classes. Un domaine topologique consiste en une séquence linéaire de champs. Chaque champ peut accueillir des contributions, et il peut y avoir des restrictions sur le nombre d'items qu'un champ peut ou doit recevoir. Dans notre cas, le domaine topologique d'un verbe sera tel que décrit dans le Tableau 3, et chaque champ accueillera au plus un item, où chaque item est la *forme phonologique lexicale* [2] d'un morphème.

Blocs élémentaires. La métagrammaire est exprimée au moyen de blocs élémentaires. Un bloc contribue simultanément à 2 dimensions de descriptions linguistiques : (1) la phonologie lexicale : contributions aux champs du domaine topologique, (2) la flexion : contribution de traits morphosyntaxiques. Par exemple :

2 ← é
temps = passé proxi = proche

contribue é au champ numéro 2 du domaine topologique, et les traits temps = passé et proxi = proche à la flexion. Les contributions de traits provenant de différents blocs sont unifiées : de cette manière, la dimension de flexion sert également comme un niveau de médiation et de coordination durant l'exécution de la métagrammaire. Comme le Tableau 2 l'illustre clairement, la morphologie de l'ikota n'est pas proprement compositionelle : en effet, les contributions sémantiques des morphèmes sont déterminées au travers d'une coordination de contraintes mutuelles dans le niveau de flexion.

1. Voir `http://spourcesup.cru.fr/xmg`
2. Nous adoptons ici la perspective à *2 niveaux* qui distingue phonologie lexicale et de surface (Koskenniemi, 1983)

FIGURE 1 – Métagrammaire de la morphologie verbale de l'Ikota

Sujet	→	[1 ← m ; p = 1, n = sg] ∨ [1 ← ò ; p = 2, n = sg] ∨ …
Tense	→	[2 ← é ; temps = passé, proxi = proche] ∨ [2 ← é ; temps = futur] ∨ [2 ← à ; temps = présent] ∨ [2 ← à ; temps = passé, proxi = ¬proche] ∨ [2 ← ábí ; temps = futur, proxi = imminent]
Actif	→	[5 ← À ; actif = +, prog = -] ∨ [5 ← Á ; actif = +, prog = +] ∨ [4 ← ébwɛ̀ ; actif = -]
Aspect	→	[4 ← ÀK ; temps = futur, prog = -] ∨ [; temps = ¬futur, prog = +]
Proximal	→	[6 ← nÁ ; proxi = jour] ∨ [6 ← sÁ ; proxi = distant] ∨ [; proxi = aucun ∨ proche] ∨ [; proxi = imminent, temps = futur]
Manger	→	[3 ← ʤ ; vclasse = g1]
Donner	→	[3 ← w ; vclasse = g2]
RV	→	*Manger* ∨ *Donner*
Verbe	→	*Sujet* ∧ *Temps* ∧ *RV* ∧ *Aspect* ∧ *Actif* ∧ *Proximal*

Les traits morphosyntaxiques. Nous utilisons p et n pour *personne* et *nombre* ; temps avec pour valeurs possibles passé, présent, et futur ; proxi pour le *marqueur proximal* (aucun, imminent, jour, proche, distant) ; vclasse pour la classe verbale (g1, g2, g3) ; et deux traits polaires : actif pour la *voix* et prog pour l'*aspect progressif* : prog=- marque un évènement en déroulement.

Signes phonétiques lexicaux. Une étude attentive des données disponibles sur l'ikota suggère que l'on peut mieux rendre compte des régularités parmi les classes verbales en introduisant une voyelle *lexicale* A qui est réalisée, au niveau surfacique, par a pour vclasse=g1, ɛ pour vclasse=g2, et ɔ for vclasse=g3, et une consonne lexicale K qui est réalisée par tʃ pour vclasse=g2, et k sinon.

Règles. La Figure 1 montre un fragment de notre métagrammaire préliminaire de la morphologie verbale de l'ikota. Chaque règle définit comment une abstraction peut être réécrite. Par exemple *Temps* peut être réécrit par un bloc quelconque représentant une disjonction de 5 blocs. Pour produire le lexique des formes fléchies décrites par notre métagrammaire, le compilateur XMG calcule toutes les réécritures non-déterministes possibles en partant de l'abstraction *Verbe*.

Exemple de derivation. Considérons comment óʤàkàná (*(demain), tu mangeras*) est dérivé par notre système formel en partant de l'abstraction *Verbe*. Premièrement, *Verbe* est remplacé par *Subjet* ∧ *TempsRV* ∧ *Aspect* ∧ *Actif* ∧ *Proximal*. Puis chaque élément de cette conjonction logique

FIGURE 2 – Une dérivation avec succès

Verbe → *Sujet* ∧ *Temps* ∧ *RV* ∧ *Aspect* ∧ *Actif* ∧ *Proximal*

→ [1 ← ò | p = 2, n = sg] ∧ [2 ← é | temps = futur] ∧ [3 ← ʤ | vclasse = g1] ∧ [4 ← ÀK | temps = futur, prog = -] ∧ [5 ← À | actif = +, prog = -] ∧ [6 ← nÁ | proxi = jour]

→ [1 ← ò 2 ← é 3 ← ʤ 4 ← ÀK 5 ← À 6 ← nÁ | p = 2 prog = - temps = futur vclasse = g1, n = sg actif = + proxi = jour]

FIGURE 3 – Une dérivation avec échec : conflits sur temps et prog

Verbe → *Sujet* ∧ *Temps* ∧ *RV* ∧ *Aspect* ∧ *Actif* ∧ *Proximal*

→ [1 ← ò | p = 2, n = sg] ∧ [2 ← é | temps = futur] ∧ [3 ← ʤ | vclasse = g1] ∧ [| temps = ¬futur, prog = +] ∧ [5 ← À | actif = +, prog = -] ∧ [6 ← nÁ | proxi = jour]

→ **failure !**

(l'ordre est sans importance) est, à son tour, remplacé. Par exemple, *Sujet* est alors remplacé par un bloc de la disjonction correspondante : le compilateur XMG essaie toutes les possibilités ; l'une d'entre elles choisira le 2ème bloc. La Figure 2 montre l'étape initiale, une étape au milieu, et le l'étape finale de la dérivation. La phonologie lexicale de l'entrée lexicale résultante est obtenue en concatenant, dans l'ordre linéaire du domaine topologique, les items contribués aux différents champs ici : ò+é+ʤ+ÀK+À+nÁ.

La Figure 3 montre un exemple d'une dérivation rencontrant un échec, donc, qui ne mène pas à la production d'une entrée du lexique. L'échec est dû à des valeurs contradictoires pour les traits temps (futur et ¬futur) et aussi prog (+ et -).

Phonologie de surface. Pour l'instant, notre métagrammaire modélise uniquement le niveau lexical de la phonologie. Le niveau surfacique peut en être dérivé par post-traitement. Pour notre exemple, puisque vclasse=g1, le A lexical devient a en surface, et le K devient k. Ainsi nous obtenons : ò+é+ʤ+àk+à+ná, et finalement (par effacement de voyelle) óʤàkàná.

L'approche de XMG basée sur les contraintes en fait une plateforme idéale pour l'intégration, par exemple, de la *phonologie à deux niveaux* puisque celle-ci est précisément une contrainte entre la phonologie lexicale et surfacique (Koskenniemi, 1983). Cette extension de XMG fait partie de la feuille de route d'une thèse en cours.

Réserves. Notre formalisation de la morphologie de l'ikota est encore au stade préliminaire. Au fur et à mesure que nous progressons, des questions apparaissent pour lesquelles nous n'avons pas encore suffisamment de données. Par exemple, il est aisé de déduire de la Figure 1 que notre métagrammaire (délibérément) omet le "futur passif" ; de nouvelles données venant de locuteurs natifs permettront de valider ou non son existence.

Il est également trop tôt pour nous pour, ne serait-ce qu'esquisser une formalisation du système tonal de l'ikota, et ses implications sur les contours prosodiques des formes verbales. Par conséquent, et dans l'intérêt d'une morphologie descriptive exacte, nous avons été amenés à adopter certaines astuces, dans notre description formelle, comme un recours pratique plutôt que par positionnement théorique : c'est ainsi le cas de l'alternance tonale à la voix active.

5 Conclusions et perspectives

Dans cet article, nous avons proposé une description formelle, quoique préliminaire, de la morphologie verbale de l'ikota, une langue africaine peu dotée et dont la description fine n'est pas achevée. Cette description utilise un langage de haut niveau permettant une réflexion linguistique sur la redondance de la représentation morphologique. Ce faisant, nous avons illustré comment l'approche métagrammaticale peut contribuer de manière utile au développement de ressources lexicales électroniques.

Ainsi, à partir de cette description, à l'aide du compilateur XMG, nous produisons automatiquement un lexique de formes verbales fléchies avec leurs traits morphosyntaxiques. Ce lexique peut être exporté au format XML, offrant une resource normative facilement réutilisable pour cette langue sous-dotée.

D'un point de vue méthodologique, l'utilisation de XMG nous a permis de tester rapidement nos intuitions linguistiques en générant toutes les formes verbales prédites et leurs traits, et donc de valider ces résultats au regard des données disponibles.

Un autre avantage d'adopter l'approche par métagrammaire est que, grâce au même outil (formel et logiciel), nous serons en mesure de décrire également la syntaxe de cette langue à l'aide d'une grammaire d'arbres adjoints, ce qui constitue le sujet d'une thèse en cours.

Références

ALAHVERDZHIEVA, K. (2008). XTAG using XMG. Master Thesis, Nancy Université.

BECH, G. (1955). *Studien über das deutsche Verbum infinitum.* Det Kongelige Danske videnskabernes selskab. Historisk-Filosofiske Meddelelser, bd. 35, nr.2 (1955) and bd. 36, nr.6 (1957). Munksgaard, Kopenhagen. 2nd unrevised edition published 1983 by Max Niemeyer Verlag, Tübingen (Linguistische Arbeiten 139).

CANDITO, M. (1996). A Principle-Based Hierarchical Representation of LTAGs. *In Proceedings of the 16th International Conference on Computational Linguistics (COLING'96)*, volume 1, pages 194–199, Copenhagen, Denmark.

CRABBÉ, B. (2005). *Représentation informatique de grammaires fortement lexicalisées : Application à la grammaire d'arbres adjoints.* Thèse de doctorat, Université Nancy 2.

CRABBÉ, B. et DUCHIER, D. (2004). Metagrammar redux. *In* CHRISTIANSEN, H., SKADHAUGE, P. R. et VILLADSEN, J., éditeurs : *Constraint Solving and Language Processing, First International Workshop (CSLP 2004), Revised Selected and Invited Papers*, volume 3438 de *Lecture Notes in Computer Science*, pages 32–47, Roskilde, Denmark. Springer.

GARDENT, C. (2008). Integrating a Unification-Based Semantics in a Large Scale Lexicalised Tree Adjoining Grammar for French. *In Proceedings of the 22nd International Conference on Computational Linguistics (Coling 2008)*, pages 249–256, Manchester, UK. Coling 2008 Organizing Committee.

IDIATA, D. F. (2007). *Les langues du Gabon : données en vue de l'élaboration d'un atlas linguistique*. L'Harmattan.

KALLMEYER, L., LICHTE, T., MAIER, W., PARMENTIER, Y. et DELLERT, J. (2008). Developing a TT-MCTAG for German with an RCG-based Parser. *In The sixth international conference on Language Resources and Evaluation (LREC 08)*, pages 782–789, Marrakech, Morocco.

KOSKENNIEMI, K. (1983). *Two-Level Morphology : a general computational model for word-form recognition and production*. Thèse de doctorat, University of Helsinki.

MAGNANA EKOUKOU, B. (2010). Morphologie nominale de l'ikota (B25) : inventaire des classes nominales. Mémoire de Master 2, Université d'Orléans.

MCHOMBO, S. A. (1998). Chichewa : A Morphological Sketch. *In* SPENCER, A. et ZWICKY, A., éditeurs : *The Handbook of Morphology*, pages 500–520. Blackwell, Oxford, UK & Cambridge, MA.

PIRON, P. (1990). Éléments de description du kota, langue bantoue du gabon. mémoire de licence spéciale africaine, Université Libre de Bruxelles.

ROARK, B. et SPROAT, R. (2007). *Computational approaches to morphology and syntax*. Oxford University Press, USA.

STUMP, G. T. (1992). On the theoretical status of position class restrictions on inflectional affixes. *In* BOOIJ, G. et van MARLE, J., éditeurs : *Yearbook of Morphology 1991*, pages 211–241. Kluwer.

STUMP, G. T. (1998). Inflection. *In* SPENCER, A. et ZWICKY, A. M., éditeurs : *The Handbook of Morphology*, pages 13–43. Blackwell, Oxford & Malden, MA.

STUMP, G. T. (2001). *Inflectional Morphology : a Theory of Paradigm Structure*, volume 93. Cambridge University Press.

Extraction de lexiques bilingues à partir de Wikipédia

Rahma Sellami[1] *Fatiha Sadat*[2] *Lamia Hadrich Belguith*[1]
(1) ANLP Research Group – Laboratoire MIRACL
Faculté des Sciences Economiques et de Gestion de Sfax
B.P. 1088, 3018 - Sfax – TUNISIE
(2) Université du Québec à Montréal, 201 av. President Kennedy,
Montréal, QC, H3X 2Y3, Canada
Rahma.Sellami@fsegs.rnu.tn, sadat.fatiha@uqam.ca,
l.belguith@fsegs.rnu.tn

RESUME

Avec l'intérêt accru de la traduction automatique, le besoin de ressources multilingues comme les corpus comparables et les lexiques bilingues s'est imposé. Ces ressources sont peu disponibles, surtout pour les paires de langues qui ne font pas intervenir l'anglais. Cet article présente notre approche sur l'extraction de lexiques bilingues pour les paires de langues arabe-français et yoruba-français à partir de l'encyclopédie en ligne Wikipédia. Nous exploitons la taille gigantesque et la couverture de plusieurs domaines des articles pour extraire deux lexiques, qui pourront être exploités pour d'autres applications en traitement automatique du langage naturel.

ABSTRACT

Bilingual lexicon extraction from Wikipedia

With the increased interest of the machine translation, needs of multilingual resources such as comparable corpora and bilingual lexicon has increased. These resources are not available mainly for pair of languages that do not involve English.

This paper aims to describe our approach on the extraction of bilingual lexicons for Arabic-French and Yoruba-French pairs of languages from the online encyclopedia, Wikipedia. We exploit the large scale of Wikipedia article to extract two bilingual lexicons that will be very useful for natural language applications.

MOTS-CLES : Lexique bilingue, corpus comparable, Wikipédia, arabe-français, yoruba-français.

KEYWORDS : Bilingual lexicon, comparable corpora, Wikipedia, Arabic-French, Yoruba-French.

1 Introduction

Les ressources linguistiques multilingues sont généralement construites à partir de corpus parallèles. Cependant, l'absence de ces corpus a incité les chercheurs à exploiter d'autres ressources multilingues, telles que les corpus comparables : ensembles de textes dans différentes langues, qui ne sont pas des traductions les uns des autres (Adafre et de Rijke, 2006), mais qui contiennent des textes partageant des caractères communs, tel que le domaine, la date de publication, etc. Car moins contrains, ils sont donc plus faciles à construire que les corpus parallèles.

Les lexiques bilingues constituent une partie cruciale dans plusieurs applications telles que la traduction automatique (Och et Ney, 2003) et la recherche d'information multilingue (Grefenstette, 1998).

Dans cet article, nous cherchons à exploiter l'aspect multilingue ainsi que la taille gigantesque de l'encyclopédie en ligne, Wikipédia, comme un grand corpus comparable pour l'extraction de deux lexiques bilingues (arabe-français et yoruba-français). (Morin, 2007) a montré que non seulement la taille du corpus comparable mais aussi sa qualité est importante pour l'extraction d'un dictionnaire bilingue. Nous proposons d'utiliser une méthode simple mais efficace, il s'agit d'exploiter les liens inter-langues entre les articles Wikipédia afin d'extraire des termes (simples ou composés) arabes et yoruba et leurs traductions en français, puis, utiliser une approche statistique pour aligner les mots des termes composés.

Les lexiques extraits seront utilisés pour l'extraction d'un corpus parallèle à partir de wikipèdia.

Le contenu de cet article se résume comme suit. La section 2 présente un bref aperçu des travaux antérieurs sur l'extraction de lexiques bilingues. La section 3 décrit certaines caractéristiques de Wikipédia que nous avons exploitées pour l'extraction de nos lexiques bilingues. La section 4 présente brièvement les langues arabe et yoruba. Nous présentons, dans la section 5, notre travail de construction des lexiques bilingues à partir de Wikipédia. Nous évaluons nos lexiques, dans la section 6. La section 7 conclu cet article et donne des pointeurs et extensions pour le futur.

2 Etat de l'art

Dans un premier temps, les chercheurs construisent les lexiques bilingues à partir des corpus parallèles. Mais, en raison de l'absence de ces ressources, l'exploitation des corpus comparables a attiré l'attention de plusieurs chercheurs. (Morin et Daille, 2004) présentent une méthode pour l'extraction de terminologie bilingue à partir d'un corpus comparable du domaine technique. Ils extraient les termes composés dans chaque langue puis ils alignent ces termes au niveau mot en utilisant une méthode statistique exploitant le contexte des termes. (Otero, 2007) a crée un lexique bilingue (anglais-espagnol), en se basant sur des informations syntaxiques et lexicales extraites à partir d'un petit corpus parallèle. (Sadat *et al.*, 2003) ont présenté une méthode hybride qui se base sur des informations statistiques (deux modèles de traduction bidirectionnels) combinées à des informations linguistiques pour construire une terminologie anglais-japonais. (Morin et Prochasson, 2011) ont présenté une méthode pour l'extraction d'un lexique bilingue spécialisé à partir d'un corpus comparable, agrémenté d'un corpus parallèle. Ils extraient des phrases parallèles à partir du corpus comparable, puis, ils alignent ces phrases au niveau mots pour en extraire un lexique bilingue. (Hazem *et al.*, 2011) proposent une extension de l'approche par similarité inter-langue abordée dans les travaux précédents. Ils présentent un modèle inspiré des métamoteurs de recherche d'information.

Dans ce qui suit, nous décrivons les travaux antérieurs qui ont exploité Wikipédia comme corpus comparable pour la construction d'un lexique bilingue.

(Adafre et de Rijke, 2006) a créé un lexique bilingue (anglais-néerlandais) à partir de Wikipedia dans le but de l'utiliser pour la construction d'un corpus parallèle à partir des articles de Wikipédia. Le lexique extrait est composé uniquement de titres des articles Wikipédia reliés par des liens inter-langues. Les auteurs ont montré l'efficacité de l'utilisation de ce lexique pour la construction d'un corpus parallèle. (Bouma *et al.*, 2006) ont construit un lexique bilingue pour la création d'un système de question réponse multilingue (français-néerlandais). En outre, (Decklerck *et al.*, 2006) ont extrait un lexique bilingue à partir des liens inter-langues de Wikipédia. Ce lexique a été utilisé pour la traduction des labels d'une ontologie. Ces travaux sont caractérisés par le fait qu'ils exploitent uniquement les liens inter-langues de Wikipédia. Par contre, (Erdmann *et al.*, 2008) analysent non seulement les liens inter-langues de wikipédia, mais exploitent aussi les redirections et les liens inter-wiki pour la construction d'un dictionnaire anglais-japonais. Les auteurs ont montré l'apport de l'utilisation de Wikipédia par rapport aux corpus parallèles pour l'extraction d'un dictionnaire bilingue. Cet apport apparait surtout au niveau de la large couverture des termes. (Sadat et Terrasa, 2010) proposent une approche pour l'extraction de terminologie bilingue à partir de Wikipédia. Cette approche consiste à extraire d'abord des paires de termes et traductions à partir des différents types d'informations, des liens et des textes de Wikipédia, puis, à utiliser des informations linguistiques afin de réordonner les termes et leurs traductions pertinentes et ainsi éliminer les termes cibles inutiles.

3 Bref aperçu sur les langues arabe et yoruba

3.1 La langue arabe

L'arabe (العربية) est une langue originaire de la péninsule Arabique. Elle est parlée en Asie et en Afrique du Nord. L'Arabe est issue du groupe méridional des langues sémitiques. Elle s'écrit de droite à gauche tout en utilisant des lettres qui prennent des formes différentes suivant qu'elles soient isolées, au début, au milieu ou à la fin du mot.[1]

La langue arabe est morphologiquement riche ce qui pose le problème de l'ambiguïté au niveau de son traitement automatique, un mot en arabe peut encapsuler la signification de toute une phrase (أتذكروننا/est ce que vous souvenez de nous ?).

3.2 La langue yoruba

Le yoruba (yorùbá) est une langue tonale appartenant à la famille des langues nigéro-congolaises. Le yorouba, langue maternelle d'environ 20% de la population nigériane, est également parlé au Bénin et au Togo. Au Nigéria, il est parlé dans la plus grande partie des états d'Oyo, Ogun, Ondo, Osun, Kwara et Lagos, et à l'ouest de l'état de Kogi.

La langue se subdivise en de nombreux dialectes. Il existe néanmoins aussi une langue standard[2].

Le yoruba s'écrit au moyen de plusieurs alphabet fondées sur l'alphabet latin muni d'accents pour noter les tons (dont la charge fonctionnelle est très importante), et de points souscrits pour noter les voyelles ouvertes.

La voyelle est le centre de la syllabe. Le ton apparaît comme une caractéristique inhérente à la voyelle ou à la syllabe. Il y a autant de syllabes que de tons. Le symbolisme se présente comme suit : ton haut: (/), ton bas: (\), ton moyen: (-).

Ces tons déterminent le sens du mot, une forme peut avoir plusieurs sens (ex. Igba/deux cent, Igba/calebasse, Ìgba/temps, etc)[3].

---

[1] http://fr.wikipedia.org/wiki/Arabe [consulté le 26/04/2012].

[2] http://fr.wikipedia.org/wiki/Yoruba_(langue) [consulté le 18/04/2012].

[3] http://www.africananaphora.rutgers.edu/downloads/casefiles/YorubaGS.pdf [consulté le 24/04/2012].

La morphologie de la langue yoruba est riche, faisant, par exemple, un large emploi du redoublement (ex. Eso/fruit, so/donner de fruits, jò/ dégoutter , òjo/pluie).

4 Caractéristiques de Wikipédia

Lors de l'extraction de terminologies bilingues à partir de corpus parallèles ou comparables, il est difficile d'atteindre une précision et une couverture suffisantes, en particulier pour les mots moins fréquents tels que les terminologies spécifiques à un domaine (Erdmann, 2008). Pour notre travail de construction de lexiques bilingues, nous proposons d'exploiter Wikipédia, une ressource multilingue dont la taille est gigantesque et qui est en développement continu.

Dans ce qui suit, nous décrivons certaines caractéristiques de Wikipédia, ces caractéristiques font de Wikipèdia une ressource précieuse pour l'extraction de ressources bilingues.

Actuellement, Wikipédia contient 21 368 483 articles dont 1 221 995 articles français, 170771 articles en langue arabe et 29 884 articles en langue yoruba[4]. Ces articles couvrent plusieurs domaines. Nous exploitons l'aspect multilingue et gigantesque de cette ressource afin d'extraire des lexiques bilingues de large couverture.

La structure de Wikipédia est très dense en liens ; ces liens relient soit des articles d'une seule langue soit des articles rédigés en langues différentes.

Les liens Wikipédia peuvent être classés en :

- Lien inter-langue : un lien inter-langue relie deux articles en langues différentes. Un article a au maximum un seul lien inter-langue pour chaque langue, ce lien a comme syntaxe *[[code de la langue cible : titre de l'article en langue cible]]* avec « *code de la langue cible* » identifie la langue de l'article cible et « *titre de l'article en langue cible* » identifie son titre (ex. *[[yo:Júpítérì]]*). Puisque les titres des articles Wikipédia sont uniques, la syntaxe des liens inter-langue est suffisante pour identifier les articles en langues cibles.
- Redirection : une redirection renvoie automatiquement le visiteur sur une autre page. La syntaxe Wikipédia d'une redirection est : *#REDIRECTION[[page de destination]]*. Les pages de redirection sont notamment utilisées pour des abréviations (ex. *SNCF* redirige vers *Société Nationale des Chemins de Fer*), des synonymes (ex. *e-*

[4] http://meta.wikimedia.org/wiki/List_of_Wikipedias [consulté le 01/03/2012].

mail, courriel, mél et messagerie électronique redirigent vers *courrier électronique*), des noms alternatifs (ex. *Karol Wojtyła* redirige vers *Jean-Paul II*), etc.

- Lien inter-wiki : c'est un lien vers une autre page de la même instance de Wikipédia. Le texte du lien peut correspondre au titre de l'article qui constitue la cible du lien (la syntaxe en sera alors : *[[titre de l'article]]*), ou différer du titre de l'article-cible (avec la syntaxe suivante : *[[titre de l'article|texte du lien]]*).

5 Extraction des lexiques bilingues à partir de Wikipédia

5.1 Extraction des termes

Nous avons extrait deux lexiques bilingues en exploitant la syntaxe des liens inter-langues de Wikipédia. En effet, les liens inter-langues relient deux articles en langues différentes dont les titres sont en traduction mutuelle. En outre, ces liens sont créés par les auteurs des articles, nous supposons que les auteurs ont correctement positionné ces liens. Aussi, un article en langue source est lié à un seul article en langue cible, donc, nous n'avons pas à gérer d'éventuels problèmes d'ambiguïté au niveau de l'extraction des paires de titres.

Nous avons téléchargé la base de données Wikipédia arabe (janvier 2012)[5] et yoruba (mars 2012)[6] sous format XML et nous avons extrait 104 104 liens inter-langue arabe et 15 345 liens inter-langue yoruba vers les articles français. Chaque lien correspond à une paire de titres arabe-français et yoruba-français. Certains titres sont composés de termes simples et d'autres sont composés de termes composés de plusieurs mots.

5.2 Alignement des mots

Dans le but d'avoir un lexique composé uniquement des termes simples, nous avons procéder à une étape d'alignement des mots.

Cette étape présente plusieurs difficultés dont : Premièrement, les alignements ne sont pas nécessairement contigus : deux mots consécutifs dans la phrase source peuvent être alignés avec deux mots arbitrairement distants de la phrase cible. On appelle ce phénomène distorsion. Deuxièmement, un mot en langue source peut être aligné à plusieurs mots en langue cible ; ce qui est défini en tant que fertilité.

---

[5] http://download.wikipedia.com/arwiki/20120114/ [consulté le 01/03/2012].

[6] http://dumps.wikimedia.org/yowiki/20120316/ [consulté le 15/03/2012].

Nous avons procédé à une étape d'alignement des mots des paires de titres en nous basant sur une approche statistique, nous avons utilisé les modèles IBM [1-5] (Brown *et al.*, 1993) combinés avec les modèles de Markov cachés HMM (Vogel *et al.*,1996) vu que ces modèles standard se sont avérés efficaces dans les travaux d'alignement de mots.

Les modèles IBM sont des modèles à base de mots, c'est-à-dire que l'unité de traduction qui apparaît dans les lois de probabilité est le mot.

Les cinq modèles IBM permettent d'estimer les probabilités $P(fr \mid ar)$ et $P(fr \mid yo)$ de façon itérative, tel que *fr* est un mot français, *ar* est un mot arabe et *yo* est un mot yoruba. Chaque modèle s'appuie sur les paramètres estimés par le modèle le précédant et prend en compte de nouvelles caractéristiques telles que la distorsion, la fertilité, etc.

Le modèle de Markov caché (nommé usuellement HMM) (Vogel *et al.*, 1996) est une amélioration du modèle IBM2. Il modélise explicitement la distance entre l'alignement du mot courant et l'alignement du mot précédent.

Nous avons utilisé l'outil open source Giza++ (Och et Ney, 2003) qui implémente ces modèles pour l'alignement des mots et nous avons extrait les traductions candidates à partir d'une table de traductions créée par Giza++. Chaque ligne de cette table contient un mot en langue arabe (*ar*) (respectivement yoruba (*yo*)), une traduction candidate (*fr*) et un score qui calcule la probabilité de traduction $P(fr|ar)$ (resp. yoruba $P(fr|yo)$).

Après l'étape d'alignement, nous avons extrait 65 049 mots arabes et 155 348 paires de traductions candidates en français. En ce qui concerne le lexique yoruba-français, nous avons extrait 11 235 mots yoruba et 20 089 paires de traductions candidates en français.

Afin d'améliorer la qualité de nos lexiques, nous avons procédé à une étape de filtrage qui élimine les traductions candidates ayant un score inférieur à un seuil.

تـ شـ تت	Flou	1.0000000
تـ شـ تت	Diffusion	0.1666667
لـ لرجال	Équipes	0.1250000
لـ لرجال	féminin	0.0067568
لـ لرجال	masculin	0.6690141

FIGURE 1 – Extrait de la table de traduction *ar-fr*

Rómù	Rome	0.7500
Rómù	romaine	0.33333
aládánidá	naturelles	1.00000
Àwùjọ	Société	0.66666
Àwùjọ	Communauté	0.20000

FIGURE 2 – Extrait de la table de traduction *yo-fr*

6 Evaluation

Puisque notre intérêt est centré sur les liens inter-langues de Wikipédia, les lexiques extraits ne contiennent pas des verbes.

Nous avons évalué, manuellement, la qualité de notre lexique bilingue en calculant la mesure de précision et en se référant à un expert.

$$precision = \frac{\text{nombre de traductions extraites correctes}}{\text{nombre de traductions extraites}}$$

Nous avons calculé la précision en se basant sur les traductions candidates de 50 mots arabes et yoruba et nous avons fait varier le seuil de 0 à 1 pour en identifier la valeur optimale en fonction de la précision.

La figure 3 présente les valeurs de précision des deux lexiques en variant le seuil.

Remarquons qu'en augmentant le seuil, la précision est améliorée. Sa valeur passe de 0.46 (avec un seuil égale 0) à 0.74 (quand le seuil égale à 1) pour le lexique yoruba-français et de 0.22 à 0.75 pour le lexique arabe-français.

La figure 4 montre que la couverture du lexique français-yoruba et presque stable, elle varie entre 14045 (quand le seuil égale à 0) et 11184 (quand le seuil égale à 1). Ces valeurs sont très inférieures par rapport à celles du lexique arabe-français, ceci est dû principalement au faible nombre des articles Wikipèdia yoruba.

La figure 3 montre que les meilleures valeurs de précision sont atteintes à partir d'un seuil égal à 0.6 pour le lexique arabe-français. Mais, remarquons dans la figure 4, qu'à partir de ce seuil, la couverture du lexique est affaiblie. Ceci est expliqué par le fait que plusieurs fausses traductions ont été éliminées à partir de ce seuil.

Les erreurs du lexique yoruba-français sont dues principalement au fait que certains titres wikipèdia sont introduits en anglais (ex. density/densité) et aux erreurs d'alignements (ex. Tanaka/Giichi).

Les erreurs de traduction du lexique arabe-français sont dues principalement au fait que certains titres arabes sont introduits en langue autre que l'arabe (ex. cv/cv), en majorité en langue anglaise. Certaines traductions candidates sont des translitérations et pas des traductions (ex. انتفاضة/Intifada). Aussi, nous avons détecté des erreurs d'alignement (ex. نفسية/diagnostique). D'autres erreurs sont dues au fait que les paires de titres des articles ne sont pas des traductions précises mais il s'agit juste de la même notion (ex. عيد/Noël).

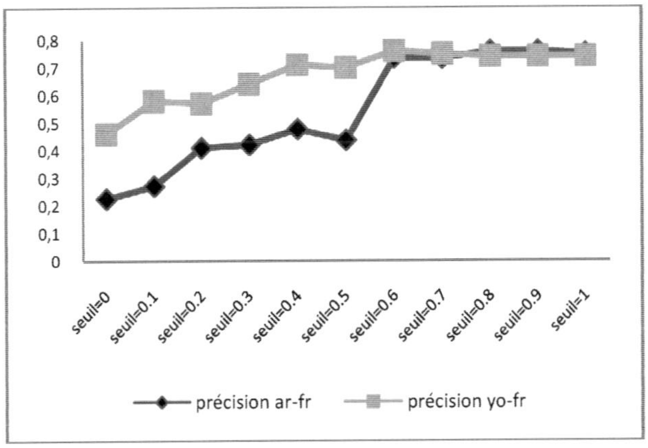

FIGURE 3 –Variation de la précision des lexiques *yo-fr* et *ar-fr* selon le seuil

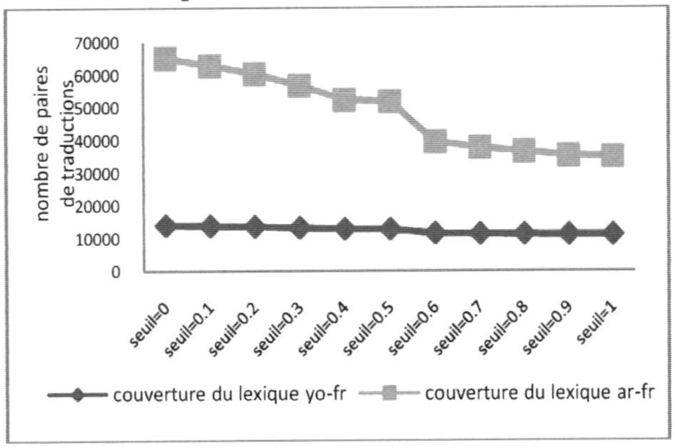

FIGURE 4 – Variation de la couverture des lexiques *yo-fr* et *ar-fr* selon le seuil

7 Conclusion

L'exploitation de Wikipédia pour la construction de ressources linguistiques multilingues fait l'objet de plusieurs travaux de recherches, comme la construction des corpus parallèles, des lexiques multilingues et des ontologies multilingues.

Dans cet article, nous avons décrit notre travail préliminaire d'extraction de lexiques (arabe-français et yoruba-français) à partir de Wikipédia. En effet, notre but majeur est d'exploiter Wikipédia en tant que corpus comparable pour la traduction automatique statistique.

La méthode que nous proposons est efficace malgré sa simplicité. Il s'agit d'extraire les titres arabes, yorubas et français des articles de Wikipédia, en se basant sur les liens inter-langues puis d'aligner les mots de ces titres en se basant sur une approche statistique. Nous avons atteint des valeurs de précision et de couverture encourageantes qui dépassent respectivement 0.7 et 60 000 paires de traductions pour le lexique arabe-français et 0.7 et 14 000 paires de traductions pour le lexique yoruba-français.

Comme travaux futurs, nous envisageons d'élargir la couverture de nos lexiques en exploitant d'autres liens Wikipédia comme les redirections et les liens inter-wiki. Nous envisageons aussi d'utiliser ces lexiques pour l'extraction des corpus parallèles (arabe-français et yoruba-français) à partir de Wikipédia. Ces corpus seront utilisés au niveau de l'apprentissage des systèmes de traduction automatique statistique arabe-français et yoruba-français.

Références

ADAFRE, S. F. ET DE RIJKE, M. (2006). Finding Similar Sentences across Multiple Languages in Wikipedia. *In Proceedings of the EACL Workshop on NEW TEXT Wikis and blogs and other dynamic text sources*, pages 62–69.

BOUMA, G., FAHMI, I., MUR, J., G. VAN NOORD, VAN DER, L., ET TIEDEMANN, J. (2006). Using Syntactic Knowledge for QA. *In Working Notes for the Cross Language Evaluation Forum Workshop*.

BROWN PETER, F., PIETRA, V. J., PIETRA, S. A., ET MERCER, R. L. (1993). The Mathematics of Statistical Machine Translation: Parameter Estimation. IBM T.J. Watson Research Center, pages 264-311.

DECLERCK, T., PEREZ, A. G., VELA, O., , Z., ET MANZANO-MACHO, D. (2006). Multilingual Lexical Semantic Resources for Ontology Translation. *In Proceedings of International Conference on Language Ressources and Evaluation* (LREC), pages 1492 – 1495.

ERDMANN, M., NAKAYAMA, K., HARA, T. ET NISHIO, S. (2008). A bilingual dictionary extracted from the wikipedia link structure. *In Proceedings of International Conference on Database Systems for Advanced Applications (DASFAA) Demonstration Track*, pages 380-392.

ERDMANN, M. (2008). Extraction of Bilingual Terminology from the Link Structure of Wikipedia. MSc. Thesis, Graduate School of Information Science and Engineering, Osaka University.

GREFENSTETTE, G. (1998). The Problem of Cross-language Information Retrieval. Cross-language Information Retrieval. Kluwer Academic Publishers.

HAZEM, A., MORIN, E. ET SEBASTIAN P. S. (2011). Bilingual Lexicon Extraction from Comparable Corpora as Metasearch. *In Proceedings of the 4th Workshop on Building and*

Using Comparable Corpora, pages 35–43, 49th Annual Meeting of the Association for Computational Linguistics, Portland, Oregon.

MORIN, E. (2007). Synergie des approches et des ressources déployées pur le traitement de l'écrit. Ph.D. thesis, Habilitation à Diriger les Recherches, Université de Nantes.

MORIN, E. ET DAILLE, B. (2004). Extraction de terminologies bilingues à partir de corpus comparables d'un domaine spécialisé. *Traitement Automatique des Langues (TAL)*, pages 103–122.

MORIN, E. ET PROCHASSON E. (2011). Bilingual Lexicon Extraction from Comparable Corpora Enhanced with Parallel Corpora. *In Proceedings of the 4th Workshop on Building and Using Comparable Corpora*, pages 27–34.

OCH, F.J. ET NEY, H. (2003). A systematic comparison of various statistical alignment models. Computational Linguistics, pages 19–51, March.

OTERO, PABLO G. (2007). Learning bilingual lexicons from comparable english and spanish corpora. *In Proceedings of Machine Translation Summit XI*, pages 191–198.

SADAT, F., YOSHIKAWA, M. ET UEMURA, S. 2003. Bilingual terminology acquisition from comparable corpora and phrasal translation to cross-language information retrieval. *In Proceedings of the 41st Annual Meeting on Association for Computational Linguistics-Volume*, pages 141–144. Association for Computational Linguistics.

SADAT, F. ET TERRASSA, A. (2010). Exploitation de Wikipédia pour l'Enrichissement et la Construction des Ressources Linguistiques. *TALN 2010*, Montréal.

VOGEL, S., NEY H. ET C. TILLMANN (1996). HMM-based word alignment in statistical translation. *In Preceding of the Conference on Computational Linguistics*, pages 836–841, Morristown, NJ, USA.

Index

Abate, Solomon Teferra, 53
Adda-Decker, Martine, 1
Aïchéta Chégou Kore, Taweye, 13
Ari Abdoulkarim, Chérif, 13

Besacier, Laurent, 53
Boukar, Arimi, 13
Boulaknadel, Siham, 85

Djibir, Manoua, 13
Duchier, Denys, 97

Ekoukou, Brunelle Magnana, 97
Embanga Aborobongui, Martial, 1
Enguehard, Chantal, 27

Gautheron, Bernard, 41
Gelas, Hadrien, 53

Hadrich Belguith, Lamia, 107

Jarrett, Kevin Anthony, 13

Kane, Soumana, 27

Lamel, Lori, 1

Mangeot, Mathieu, 27
Mbodj, Cherif, 75
Mijinguini, Abdou, 63
Modi, Issouf, 27
Moussa Maï, Maï, 13

Naroua, Harouna, 63
Ndiaye, Mar, 75
Nejme, Fatima Zahra, 85

Parmentier, Yannick, 97
Pellegrino, François, 53
Petitjean, Simon, 97

Rialland, Annie, 1

Sadat, Fatiha, 107
Sanogo, Mamadou Lamine, 27
Schang, Emmanuel, 97
Sellami, Rahma, 107
Simon-Colazo, Antonia, 41

Association for Computational Linguistics
209 N. Eighth Street
Stroudsburg, Pennsylvania 18360

ACL-2012 Special Workshop on Rediscovering 50 Years of Discoveries

Held at the 50th Annual Meeting of the Association for Computational Linguistics 2012 (ACL 2012)

Jeju Island, Korea
10 July 2012

ISBN: 978-1-62276-593-5